**Técnicas eficazes de comunicação para a educação infantil**

 A Cengage Learning Edições aderiu ao Programa Carbon Free, que pela utilização de metodologias aprovadas pela ONU e ferramentas de Análise de Ciclo de Vida calculou as emissões de gases de efeito estufa referentes à produção desta obra (expressas em $CO_2$ equivalente). Com base no resultado, será realizado um plantio de árvores, que visa compensar essas emissões e minimizar o impacto ambiental da atuação da empresa no meio ambiente.

Dados Internacionais de Catalogação na Publicação (CIP)
(Câmara Brasileira do Livro, SP, Brasil)

Arnold, Mary
Técnicas eficazes de comunicação para a educação infantil / Mary Arnold ; tradução Ez2Translate ; revisão técnica Maévi Anabel Nono. -- São Paulo : Cengage Learning, 2012.

Título original: Effective communication techniques for child care.
Bibliografia.
ISBN 978-85-221-1180-0

1. Comunicação na gestão 2. Comunicação empresarial 3. Crianças - Serviços para creches - Administração 4. Serviços de assistência infantil - Administração I. Título.

12-00886 CDD-362.7120684

Índice para catálogo sistemático:

1. Creches : Administração : Bem-estar social 362.7120684

# Técnicas eficazes de comunicação para a educação infantil

Mary Arnold

Tradução
Ez2Translate

Revisão técnica
Maévi Anabel Nono
Graduada em Pedagogia.
Mestre e doutora em Educação pela UFSCar.
Docente do Departamento de Educação
do Campus de São José do Rio Preto da UNESP.

Austrália • Brasil • Japão • Coreia • México • Cingapura • Espanha • Reino Unido • Estados Unidos

Técnicas eficazes de comunicação para a educação infantil
Mary Arnold

Gerente Editorial: Patricia La Rosa

Supervisora Editorial: Noelma Brocanelli

Supervisora de Produção Editorial:
  Fabiana Alencar Albuquerque

Editor de Desenvolvimento: Fábio Gonçalves

Título original: Effective communication techniques for child care
ISBN: 1-4018-5683-7

Tradução: Ez2translate

Revisão técnica: Maévi Anabel Nono

Copidesque: Fernanda Batista dos Santos

Revisão: Maria Alice da Costa e
  Luicy Caetano de Oliveira

Diagramação: Cia. Editorial

Capa: Absoluta Brasil

© 2005 Delmar Learning, parte da Cengage Learning
© 2013 Cengage Learning Edições Ltda.

Todos os direitos reservados. Nenhuma parte deste livro poderá ser reproduzida, sejam quais forem os meios empregados, sem a permissão, por escrito, da Editora. Aos infratores aplicam-se as sanções previstas nos artigos 102, 104, 106 e 107 da Lei nº 9.610, de 19 de fevereiro de 1998.

Para informações sobre nossos produtos,
entre em contato pelo telefone **0800 11 19 39**

Para permissão de uso de material desta obra,
envie seu pedido
para **direitosautorais@cengage.com**

© 2013 Cengage Learning. Todos os direitos reservados.

ISBN-13: 978-85-221-1180-0
ISBN-10: 85-221-1180-4

**Cengage Learning**
Condomínio E-Business Park
Rua Werner Siemens, 111 – Prédio 20 – Espaço 04
Lapa de Baixo – CEP 05069-900
São Paulo – SP
Tel.: (11) 3665-9900 – Fax: (11) 3665-9901
SAC: 0800 11 19 39

Para suas soluções de curso e aprendizado, visite
**www.cengage.com.br**

Impresso no Brasil.
*Printed in Brazil.*
1 2 3 4 5 6 7    13 12 11 10 09

# Ao leitor

Esta Editora não garante nenhum dos produtos descritos nem faz qualquer análise independente em relação a qualquer uma das informações sobre o produto aqui contidas. Assim como não assume e renuncia expressamente a qualquer obrigação de obter e incluir outras informações além das que foram fornecidas pelo autor.

O leitor é expressamente advertido a considerar e adotar todas as precauções de segurança que possam ser indicadas para as atividades descritas, bem como a evitar todos os riscos potenciais. Ao seguir as instruções aqui contidas, o leitor assume de boa vontade todos os riscos associados a elas.

A Editora não fornece nenhuma declaração ou garantia de qualquer tipo, incluindo, mas não se limitando a garantias de adequação à finalidade ou à comercialização específica, nem estão tais declarações implícitas com relação ao material descrito, além de não assumir qualquer responsabilidade com relação ao material em questão. A Editora não se responsabiliza por quaisquer danos especiais, consequenciais ou exemplares decorrentes, no todo ou em parte, do uso que os leitores fizerem deste material ou da forma como se baseiam nele.

# Sumário

PREFÁCIO XI

AGRADECIMENTOS XIII

## 1 DEFINIÇÃO DAS NECESSIDADES DE COMUNICAÇÃO DE SEU PÚBLICO 1

Público nº 1: Alunos atuais e suas famílias, seu principal público 3

Público nº 2: Professores e demais funcionários 3

Público nº 3: Futuros alunos e suas famílias 5

Público nº 4: Vizinhos 5

Público nº 5: Prestadores de serviço 7

Dez armadilhas comuns em uma comunicação eficaz para escolas de educação infantil 9

## 2 OS SEIS ELEMENTOS DA COMUNICAÇÃO 15

Elemento positivo da comunicação nº 1: Clareza 16

Elemento positivo da comunicação nº 2: Coerência 17

Elemento positivo da comunicação nº 3: Cuidado 19

Elemento negativo da comunicação nº 1: Confronto 20

Elemento negativo da comunicação nº 2: Conflito 22

Elemento negativo da comunicação nº 3: Descuido 25

## 3 HABILIDADES ESSENCIAIS DE COMUNICAÇÃO NA FORMAÇÃO DOS PROFESSORES E DEMAIS FUNCIONÁRIOS 29

Operações gerais 30

No local trabalho 31

Políticas da escola 34

Benefícios 36

Afastamento do trabalho 38

## 4 COMPREENSÃO DA DIVERSIDADE E MÚLTIPLAS PERSPECTIVAS 51

Diversidade 52

Dramatização 54

# 5 A MELHOR REFERÊNCIA: ELABORAÇÃO DE UM MANUAL DA FAMÍLIA   63

Introdução   66

Políticas e procedimentos   69

Currículo   78

Extras   78

# 6 USO DE FOLHETOS E BOLETINS PARA MANTER SEU PÚBLICO INFORMADO   81

Folhetos   82

Declaração de política de uma página   83

Política do amendoim   85

Política de abuso e negligência infantil   87

Procedimentos de emergência   88

Políticas de confidencialidade dos funcionários   88

Pacote de boas-vindas   89

Calendário do programa   92

Proposta curricular   94

Boletins informativos   97

Próximas atrações   97

Alertas de saúde   97

Lembretes de mensalidades   99

Boletim informativo do diretor   101

# 7 PROJETAR A IMAGEM CORRETA: UM OLHAR NA COMUNICAÇÃO VISUAL   103

Logotipo   104

Crachás   105

Papel timbrado   106

Camisetas e bonés   107

"Caixa de correspondência" dos alunos   107

Quadros motivacionais   108

Prêmios e diplomas   110

Quadro de avisos   113

Biografia dos funcionários   115

Álbuns   116

Biblioteca da família   118

Caixa de sugestões   118

# 8 RELATÓRIOS DE ACOMPANHAMENTO PARA AVALIAR A APRENDIZAGEM E A SATISFAÇÃO DAS FAMÍLIAS   121

Primeiro relatório de acompanhamento   122

Segundo relatório de acompanhamento   125

Reunião de pais e mestres   126

Formulário de Avaliação da Família   129

Critérios nacionais de certificação   132

## 9 Planejamento de eventos especiais bem-sucedidos   137

Eventos informativos   139

Apresentações   143

Enriquecimento curricular   146

Envolvimento da comunidade   154

## 10 Promovendo sua escola de educação infantil: propaganda e marketing eficazes   159

Estratégia de marketing   160

Propaganda impressa   161

Marketing na comunidade   164

Propaganda on-line   169

## Resumo   173

## Índice remissivo   175

# Prefácio

Ao concluir minha graduação em Educação, a grade curricular consistia nos conceitos básicos: leitura, escrita e aritmética. Ao longo dos anos, tenho observado que a área da educação infantil tem se ramificado para novas direções, ao mesmo tempo emocionantes e dinâmicas. Os educadores de hoje, que trabalham com crianças pequenas, são considerados verdadeiramente profissionais da educação infantil. Suas habilidades devem se expandir muito além de ensinar o básico às nossas crianças. Eles devem estar formados para lidar com inúmeros e complexos desafios sociais, comportamentais e profissionais.

Ao longo dos últimos 25 anos, descobri que é impossível encarar todos os desafios que temos se não tivermos habilidades eficazes de comunicação. Em certa empresa na qual sua reputação é tudo, uma comunicação ineficaz somente gera mal-entendidos e conflitos não resolvidos. Nossas afinadas habilidades em Educação não são suficientes. É necessário levar nossa mensagem a nossos alunos, às suas famílias e às pessoas que trabalham conosco, uma vez que a comunicação é o ponto-chave para a capacidade de educar.

Encontrar informações e orientações sobre o desenvolvimento das habilidades de comunicação é tarefa fácil para os que se encontram em ambientes empresariais. No entanto, há certa escassez de informações dirigida especificamente ao profissional da área de educação infantil. Meu objetivo ao escrever este livro é oferecer um recurso abrangente aos que se consideram profissionais do atendimento infantil. Seja você graduando em Educação, educador em sala de aula ou diretor de uma grande escola de educação infantil, poderá empregar este livro para examinar suas habilidades de comunicação atuais e torná-las mais eficazes. Resumindo, sua capacidade de educar será aprimorada.

## Organização

Cada capítulo deste livro apresenta um aspecto específico e fundamental da comunicação. Enquanto os dois primeiros capítulos trazem um esquema básico para uma comunicação eficaz, os seguintes tratam de pontos específicos. Alguns podem não ser aplicáveis à sua situação, por exemplo, a elaboração de um manual se você é um professor de sala de aula. Ainda assim, os conceitos gerais podem ser utilizados por todos. É importante lembrar que, em um setor tão dinâmico como o da educação infantil, é possível ocupar várias funções diferentes ao longo da carreira. Sugiro que utilize sua experiência adquirida em cada situação e aplique-a para melhorar seu desempenho em um novo papel.

Este livro tem por objetivo ser um trampolim para suas ideias e práticas. Embora a organização dele se assemelhe à de um livro tradicional, a leitura do texto é apenas uma das tarefas que você deverá executar. Seu texto oferece inúmeras oportunidades de analisar suas habilidades de comunicação e aplicá-las às situações da vida real. Anote suas ideias conforme lê o livro e utilize-as com seus colegas. Uma comunicação eficaz requer prática, e esta requer retorno daqueles que o cercam. As ideias apresentadas aqui são destinadas a transpor as páginas e serem incorporadas à sua rotina diária.

## Recursos especiais

O texto foi desenvolvido para incentivar tanto a interação como a reflexão. Ao longo dele, você vai encontrar situações designadas como "Comunicação eficaz em ação" e "Quando a comunicação é interrompida". Essas narrativas são situações da vida real. Ao ler os relatos, é preciso refletir sobre as informações apresentadas e formular sua própria opinião sobre como a situação poderia ser tratada. Cada situação designada como "Comunicação eficaz em ação" apresenta um cenário de comunicação positiva, mas existem muitas outras abordagens eficazes. Você vai começar a desenvolver seu próprio estilo de comunicação com base em sua personalidade e experiência. As narrativas designadas como "Quando a comunicação é interrompida" retratam situações tratadas inadequadamente.

Muitos dos capítulos também contêm várias atividades cujo objetivo é estimular a conversa e a discussão. Tais atividades foram concebidas para ajudar a avaliar seu estilo de comunicação atual e direcioná-lo para uma comunicação consistente e eficaz. Conforme desenvolve seu estilo de comunicação, perceberá que suas respostas para essas atividades começam a mudar. Isso é esperado e demonstra o desenvolvimento das habilidades necessárias para ser um comunicador eficaz. Ao concluir o texto, é importante rever suas respostas e seus comentários anteriores para verificar se, agora, você reagiria de modo diferente.

Há também exercícios de dramatização, nos quais você deverá se colocar no lugar das personagens apresentadas. Como profissional da área de educação infantil, é provável que se encontre em situações similares. Para aproveitar o máximo dos exercícios de dramatização, é necessário discutir a situação com outras pessoas que também o leram. Uma das lições mais importantes de comunicação é que diferentes abordagens podem ser igualmente eficazes.

Ao final de cada capítulo, há um "Relatório de progresso da comunicação", que apresenta os principais objetivos da comunicação descritos no capítulo. Assim como você avalia as habilidades do aluno para aprender e crescer ao longo do tempo, esses relatórios de progresso proporcionam a oportunidade de avaliar suas habilidades. Separe um momento ao concluir cada capítulo para avaliar seus pontos fortes e fracos em comunicação.

# Agradecimentos

Este livro não teria sido possível sem o apoio e o carinho de minha família, de meus amigos e colegas de trabalho. Agradeço às minhas filhas, Rachel e Mandy, que passaram a infância na minha escola de educação infantil. Rachel ajudou-me a reunir minhas experiências de vida e colocá-las por escrito. Mandy estava sempre disponível com seu discernimento afiado e sua visão prática. Meu marido, Dave, sempre ouviu e ofereceu soluções para meus "problemas atuais". Meus adorados pais, Jean e Andy, que me proporcionaram uma infância maravilhosa. Susan Hamilton que está a meu lado há mais de dez anos e tem sido fundamental no desenvolvimento de muitos dos meus materiais. Por fim, quero agradecer às centenas de crianças que me fizeram sorrir. Elas representam um lembrete constante do porquê ser um profissional da educação infantil é o trabalho mais gratificante que se possa imaginar.

Gostaria, também, de agradecer aos seguintes revisores da Thomson Delmar Learning, por suas sugestões úteis e críticas construtivas:

*Karin Alleman*
Curriculum Coordinator
Washington, NC

*Nancy Baptiste*, Ed.D.
New Mexico State University
Las Cruces, NM

*Patricia Capistron*
Rocking Unicorn Preschool
West Chatham, MA

*Vicki Folds*, Ed.D.
Tutor Time Learning Systems
Boca Raton, FL

*Judy Lindman*
Rochester Community and
Techinal College
Rochester, MN

# Definição das necessidades de comunicação de seu público

## Pontos-chave:

- Como identificar os cinco tipos de público-alvo e por que é preciso se comunicar de forma eficaz com cada um deles.
- Como determinar a mensagem que deseja transmitir a seu público.
- Como reconhecer as dez armadilhas mais comuns na comunicação eficaz e como evitá-las.

capítulo 1

Um dos melhores conselhos que se pode dar a qualquer proprietário ou diretor de escola de educação infantil é: na área da educação infantil, você é tão bom quanto sua reputação. Embora seja verdade que todos os tipos de negócio são afetados pela percepção do público, a educação infantil carrega o fardo extra de envolver o maior tesouro da família, seu filho. Tanto boas como más notícias correm rápido, e não é preciso que a fonte seja confiável. É possível que pessoas que nunca o encontraram ou tiveram qualquer contato direto com a escola de educação infantil formem uma opinião sobre seu negócio com base em informações de segunda ou terceira mão a respeito das experiências de outros. A forma de se comunicar é vital para o sucesso do seu negócio. A necessidade de uma comunicação eficaz é universal. Se você cuida de três crianças em sua casa ou de centenas de crianças em uma grande escola de educação infantil, as habilidades de uma comunicação eficaz são cruciais para seu sucesso.

A maioria das famílias realiza uma infinidade de pesquisas antes de escolher uma escola. Inicialmente, eles visitam várias escolas para conhecer o diretor e os professores. No entanto, o processo não para por aí: as famílias também conversam com os vizinhos, os amigos e os conhecidos sobre determinadas escolas de educação infantil. Sejam essas opiniões baseadas em informações fatuais ou boatos de outras fontes, a opinião dos amigos tem grande influência quando os pais estão buscando uma escola para seus filhos.

As famílias que tiveram uma experiência positiva vão transmitir a mensagem a outros. Caso estejam insatisfeitas ou sintam que suas necessidades não foram atendidas de modo adequado, vão sugerir a seus amigos e vizinhos que mantenham distância. Esse "burburinho" ou "publicidade do boca a boca" pode fazer a diferença entre um negócio muito bem-sucedido e outro que simplesmente sobrevive.

**Atividade 1.1**   Identificando seu público

O primeiro passo no desenvolvimento de uma estratégia de comunicação eficaz é definir seu público. Somente, então, é possível montar uma estratégia de comunicação eficaz. Separe um tempo para identificar as pessoas com as quais interage com frequência.

Observe sua lista. Seu público é maior do que imaginava inicialmente? Ao listar seus vários públicos, você passa a ter uma perspectiva sobre quem exatamente está tentando atingir. Para a maioria das escolas de educação infantil, os nomes listados encaixam-se em uma entre cinco categorias. Essas categorias, alunos atuais e suas famílias, professores e demais funcionários, alunos futuros e suas famílias, vizinhos e prestadores de serviço, são consideradas seu público. Seus atuais alunos e seus familiares devem ser seu público principal e devem estar no topo da lista. Este é o público para o qual a comunicação eficaz é mais crucial. São essas pessoas que vão determinar o sucesso de sua escola. Vamos dedicar um tempo para examinar cada categoria.

## Público nº 1: Alunos atuais e suas famílias, seu principal público

São essas pessoas que atualmente patrocinam seu negócio. Você tem uma relação estabelecida com esse público e os encontra regularmente, se não diariamente. É esse público que necessita de mais informações sobre sua escola de educação infantil e, felizmente, são também os mais fáceis de atingir.

O termo *família* é frequentemente utilizado ao longo deste livro e refere-se a um indivíduo ou grupo de indivíduos envolvidos com os cuidados da criança. O termo não se destina a indicar exclusivamente os indivíduos que estão ligados pelo sangue, mas sim o grupo de pessoas para as quais a criança se volta em busca de carinho e apoio. Como o termo *família* pode ser definido de diferentes formas dependendo da cultura ou do histórico familiar, em sua escola deve haver espaço para que os familiares expliquem quais indivíduos vão estar envolvidos com os cuidados dedicados à criança.

Crianças felizes e familiares satisfeitos são sua melhor propaganda. Você não quer uma criança saindo de sua escola com histórias de um dia terrível. Uma maneira de evitar isso é começar cada dia "com o pé direito". Na parte da manhã, mantenha um professor à disposição para confortar as crianças que choram. Afinal, sua vontade é fazer a transição dos cuidados prestados pela família para os cuidados prestados pela sua escola da forma mais fácil possível. A equipe deve ser devidamente treinada para reconhecer e aconselhar uma criança infeliz. Todos os esforços razoáveis devem ser empregados para tornar o dia em uma experiência positiva para todas as crianças sob seus cuidados. Preste bastante atenção às reações dos alunos. Se detectar que a maioria deles responde de modo negativo a determinada atividade, considere refazê-la para torná-la uma experiência mais agradável.

É crucial manter as famílias permanentemente informadas sobre seus filhos e eventos na escola. Caso uma criança se fira ou fique de castigo durante o dia, a equipe da escola é responsável por informar aos pais no final do expediente, quando forem buscá-la. As famílias estão confiando-lhes seus filhos e, em troca, eles precisam da garantia de que suas crianças estão felizes, seguras e progredindo. Nos próximos capítulos, vamos abordar uma variedade de métodos para facilitar essa comunicação.

Famílias insatisfeitas com sua escola não vão hesitar em retirar seus filhos e colocá-los em outra. Elas, certamente, contarão aos outros sobre sua frustração e insatisfação com a escola, direcionando suas oportunidades de negócios para seus concorrentes.

## Público nº 2: Professores e demais funcionários

Instruir seus funcionários com relação a seu negócio, explicando como deseja que as coisas funcionem e transmitir as informações e ferramentas necessárias para que as tarefas sejam realizadas é outra chave para o sucesso. Funcionários informados, que se sentem capazes de dar sua contribuição e nos quais você confia para interagir com as crianças e suas famílias, vão ajudá-lo a transmitir a mensagem. Experimente se colocar no lugar de seus funcionários por um minuto e imagine como seria frustrante não ser capaz de responder às perguntas feitas pelas famílias. Em muitas situações, eles serão o contato principal entre as famílias e a escola. As famílias devem se sentir à vontade com o fato de os funcionários serem representantes capacitados da escola e fontes confiáveis de informação. É importante lembrar também que um funcionário insatisfeito, assim como uma família insatisfeita, pode disseminar mensagens negativas a outros funcionários, às famílias e à comunidade em geral.

**COMUNICAÇÃO EFICAZ EM AÇÃO**

Família: "Meu filho foi mordido hoje! O que vocês farão a respeito?"

Plano de comunicação:

1. Identificar o problema.
2. Reconhecer o problema e oferecer uma solução possível.
3. Confirmar que a solução é aceitável.

Funcionário: "Já discuti essa situação com a professora do seu filho, e lamento que ele tenha passado por essa experiência. Embora eu saiba que foi uma situação assustadora para a criança, mordidas podem ser um comportamento comum para essa faixa etária. Assim que a professora soube do ocorrido, ela examinou a área atingida e limpou-a. Colocamos uma mensagem na caixa de correspondência de seu filho para notificá-los sobre o incidente. Se a lesão tivesse sido mais grave, teríamos imediatamente contatado-os para determinar se era necessário levar a criança ao médico. Conversamos também com a criança que mordeu, explicando as maneiras corretas de expressar a raiva. Por favor, oriente seu filho a informar a professora imediatamente se ele achar que isso pode acontecer de novo. Pedi também à professora que acompanhe a situação. Mais alguma pergunta? Consegui explicar a situação para vocês?"

**Atividade 1.2** Conversa adicional

Existe alguma outra informação que deveria estar nessa conversa?

**QUANDO A COMUNICAÇÃO É INTERROMPIDA**

Família: "A que horas sai a excursão das crianças?"

Funcionário: "Não tenho certeza, mas vou verificar."

Conclusão: Na correria do fim do dia, a professora não tem chance de esclarecer a hora da partida com o pai. No dia seguinte, a criança chegou às 9 horas, mas infelizmente a classe dela já tinha ido às 8h30.

Lição de comunicação: Informações importantes sobre os próximos eventos devem ser claramente comunicadas a todos os membros da equipe com antecedência. As informações devem ser divulgadas também, de forma clara, no quadro de informações ou por meio de um comunicado.

## Público nº 3: Futuros alunos e suas famílias

Inevitavelmente, as crianças crescem e, assim, no futuro, é necessário substituir cada uma delas matriculadas atualmente. Portanto, vai precisar desenvolver um plano eficaz para atrair novas famílias para sua escola. Toda família que entra em contato deve ser tratada como um cliente potencial. Algumas das categorias mais comuns de futuras famílias são:

- famílias de crianças que atualmente não se encaixam na faixa etária atendida;
- famílias que são novas no bairro e buscam educação infantil;
- parentes de suas famílias atuais;
- outros adultos que acompanham as famílias até a escola de educação infantil.

Inicialmente, esse público não necessita de informações detalhadas quanto a famílias matriculadas no momento. Seu objetivo deve ser simplesmente informar sobre seu estabelecimento e como contatá-lo no futuro. Se tiver estabelecido uma comunicação eficaz com as famílias atuais, a sólida reputação vai aumentar a capacidade de atrair novas famílias.

**COMUNICAÇÃO EFICAZ EM AÇÃO**

INTERLOCUTOR AO TELEFONE: "Gostaria de matricular meu filho na escola de educação infantil."

FUNCIONÁRIO: "Fico feliz em fornecer informações sobre nossa escola. Com quem eu falo?"

INTERLOCUTOR: "Meu nome é Wanda Johnson."

FUNCIONÁRIO: "Sra. Johnson, nossa escola oferece uma série de programas. A senhora poderia me falar um pouco sobre seu filho para que possamos discutir qual é o programa que melhor vai atender às suas necessidades?"

INTERLOCUTOR: "Meu filho acabou de completar 1 ano na semana passada. Estou voltando a trabalhar em período parcial e preciso de um lugar para deixá-lo dois dias por semana."

FUNCIONÁRIO: "Sra. Johnson, adoraria ter o seu filho aqui, mas nossa escola está licenciada para atender crianças acima de 2 anos e nove meses e que não usem mais fraldas. A senhora precisa de uma escola de educação infantil que ofereça o berçário e maternal. Sei que a Escola ABC oferece esse programa."

INTERLOCUTOR: "Obrigada, entrarei em contato com eles."

FUNCIONÁRIO: "Sra. Johnson, mesmo assim, adoraríamos ter seu filho em nossa escola quando ele crescer um pouco mais. A senhora estaria interessada em receber mais informações sobre nossas instalações e os programas que oferecemos?"

## Público nº 4: Vizinhos

Outro público importante muitas vezes esquecido é a vizinhança. Verifique novamente a lista de pessoas com as quais costuma interagir. Você se lembrou de incluir os vizinhos da escola? A localização tem impacto direto sobre o tipo de vizinhos e precisa ser considerada.

- Sua escola está instalada em uma casa? Uma escola de educação infantil localizada em uma área residencial tem suas especificidades. Seus vizinhos podem se incomodar com o estacionamento, pistas bloqueadas e o ruído proveniente de áreas de lazer externas. Você também pode se deparar com regulamentações de zoneamento municipal ou restrições contratuais.

> **QUANDO A COMUNICAÇÃO É INTERROMPIDA**
>
> FAMÍLIA: "O estacionamento é muito ruim. Estou atrasada porque não há lugar para estacionar."
>
> FUNCIONÁRIO: "É por causa do *drive-through* da empresa ao lado. Resolverei isso agora mesmo."
>
> RESULTADO: O diretor da escola de educação infantil de modo gentil dirige-se ao primeiro motorista que espera na fila do estabelecimento ao lado e pergunta se ele pode aproximar-se mais do meio-fio para que os familiares dos alunos da escola possam estacionar o carro. O proprietário do *drive-through* observou a abordagem e disse ao diretor que deixasse seus clientes em paz. Vários pais de alunos presenciaram essa acalorada conversa.
>
> LIÇÃO DE COMUNICAÇÃO: Esse tipo de problema logístico deveria ter sido previsto e tratado de forma proativa, e não reativa. Um plano com a empresa vizinha poderia ter sido discutido e implementado antes de a situação afetar os clientes de ambos os negócios.

- Sua escola de educação infantil está localizada em área comercial ou é uma instalação autônoma cercada por outras empresas? É preciso verificar se as famílias atendidas vão considerar convenientes as empresas ao redor ou uma ameaça para suas crianças. Estabelecimentos como centros de reabilitação de drogas, lojas de bebidas, bares ou abrigos podem preocupar as famílias potenciais. No entanto, muitos tipos de negócio vizinhos podem ser um trunfo para as famílias ocupadas por oferecer conveniências com apenas uma parada, tais como: lavanderias, restaurantes para viagem, videolocadoras ou lojas de presentes.

Em qualquer caso, os horários de deixar ou buscar as crianças devem apresentar desafios únicos. É preciso considerar se as famílias que buscam suas crianças nos horários de pico vão atrapalhar o fluxo do tráfego ou bloquear o acesso aos estabelecimentos vizinhos. Um plano de tráfego e estacionamento elaborado com seus vizinhos e comunicado às famílias pode fazer a diferença entre uma excelente relação ou uma relação conflituosa com as empresas mais próximas. Ignorar uma situação difícil não vai fazer que ela desapareça.

Sua escola de educação infantil é concorrente de outras instalações e escolas. Essa concorrência, entretanto, não significa necessariamente que deve haver conflito. Trabalhar em conjunto com outras escolas em sua área de localização imediata pode beneficiar a todos. Um dos benefícios de uma relação de trabalho mútua com outras escolas é a flexibilidade para encaminhar crianças para outros centros de educação infantil. Essa situação poderia ocorrer com um irmão de uma família atual, que é jovem demais para a sua faixa etária de atendimento. Esse tipo de colaboração funciona muito bem entre uma pré-escola que aceita somente crianças de 4 anos ou mais e uma escola de educação infantil para crianças de 0 a 3 anos. As famílias que consultam a pré-escola sobre o atendimento de bebês são encaminhadas para as escolas de educação infantil. Quando as crianças encaminhadas chegam aos 4 anos, elas deixam a escola de educação infantil e vão para a pré-escola da mesma região. É sempre uma boa prática de negócios ter um lugar onde possa encaminhar as crianças em idade para serem matriculadas no ensino fundamental. Estabeleça um bom relacionamento com as escolas públicas locais. Na maioria dos casos, você encaminhará as crianças com 6 anos completos à escola pública da região. Contar com o apoio recíproco das escolas da área pode ser muito benéfico. No entanto, para as famílias que procuram alternativas para as escolas públicas, você também deve ter informações disponíveis sobre escolas particulares.

## Público nº 5: Prestadores de serviço

Os prestadores de serviço compõem um público, às vezes, esquecido. Todos, desde o serviço de limpeza até os programas externos trazidos para as crianças (arte, música, dança etc.), pensam algo sobre sua escola e vão compartilhar com os outros. Há várias questões a considerar ao analisar seu relacionamento com os fornecedores. Os pagamentos a eles são feitos em dia? Se eles trabalham no local, este é organizado e limpo? São tratados como um item importante para o sucesso do seu negócio? As famílias pedem esse serviço? Os prestadores de serviço seguem a mesma filosofia no cuidado com as crianças? Eles têm uma política de disciplina?

**Atividade 1.3**   Defina quem você é

As perguntas a seguir vão ajudá-lo a definir o foco de sua escola.

Como vê sua escola de educação infantil?

Você considera sua escola acessível? Se as suas mensalidades são mais elevadas que as dos concorrentes, que vantagens são oferecidas para compensar isso?

Que políticas, atividades, equipamentos e currículo você utiliza para identificar seu programa?

Quais são os pontos fortes da sua escola?

Em quais áreas sua escola pode ser melhorada?

Além disso, os prestadores escolhidos para trabalhar em sua escola passarão mensagens a outro público importante, as famílias. Se decidir implantar programas extracurriculares, certifique-se de fazer uma pesquisa para assegurar que organizações respeitáveis executem esses programas. Embora tais programas possam não estar completamente sob seu controle, eles representam você e sua escola. A última coisa que se deseja são famílias insatisfeitas, descontentes com algum programa que você implantou. Considere os professores: eles se vestem e se comportam de maneira profissional? As crianças estão animadas em participar? Você está cobrando taxas extras das crianças para participarem desses programas? As reações dos seus alunos e suas famílias lhe darão uma boa ideia sobre quão benéficas essas atividades extracurriculares são para seu objetivo final. Um programa extracurricular mal administrado será uma decepção a todos, podendo até mesmo causar prejuízo às suas finanças.

No sentido mais amplo, todos em sua comunidade terão uma opinião sobre você, tendo eles tido uma experiência real ou não. Seu relacionamento com os cinco públicos e quão eficaz é a comunicação com cada um deles determinará de que modo a comunidade como um todo vê você e sua escola.

Agora que analisamos cada um dos públicos, alunos atuais e suas famílias, professores e funcionários, alunos futuros e suas famílias, vizinhos e prestadores de ser-

---

**Atividade 1.4** Como os outros o veem?

Se possível, faça uma pesquisa com membros de seus quatro públicos-alvo, solicitando que respondam às perguntas respondidas por você sobre sua escola de educação infantil e compare suas respostas com as deles. Algum dos públicos respondeu-as de forma significativamente diferente da sua resposta? Se assim for, acaba de identificar uma área na qual precisa trabalhar para fortalecer a comunicação em sua escola.

Dessa forma, você determinou o que faz bem e identificou algumas áreas que deve melhorar. Descobriu sua mensagem central. Agora, como transmitir essa mensagem a seus diversos públicos?

Cada público tem necessidades diferentes em termos de informações sobre seu programa. As famílias das crianças matriculadas atualmente são seu público principal. Elas devem saber o máximo sobre seu negócio, o que inclui as políticas e os procedimentos da escola, mensalidades, expectativas de comportamento aceitáveis, horários de entrada e de saída, e tudo o mais que as famílias precisam saber sobre o tipo de cuidado que seus filhos receberão. Seus funcionários também precisam saber e serem capazes de comunicar essas mesmas informações às famílias. As mensagens recebidas pelas famílias de você e de seus professores e demais funcionários devem ser coerentes.

As mensagens que passa às crianças sob seus cuidados baseiam-se nas informações fornecidas às famílias. As crianças precisam conhecer a rotina diária; devem saber o que é esperado delas e as consequências de não seguirem as regras. As crianças necessitam de estabilidade em seu meio e, por isso, os professores e demais funcionários passarão boa parte de seu dia ajudando-as a aprender a rotina da escola. No caso das famílias dos alunos atuais, traga seu público potencial até você. Esse público pede e é receptivo às muitas formas de comunicação oferecidas. Afinal, eles confiam seus filhos à sua escola de educação infantil durante uma boa parte do dia.

Outros públicos são mais difíceis de alcançar, mas não exigem tanta informação. Famílias de alunos potenciais podem ser alcançadas por meio de publicidade paga, eventos especiais abertos ao público, folhetos, artigos de jornal e outros veículos, que fornecem informações suficientes para despertar o interesse de famílias potenciais.

Seus vizinhos são fáceis de encontrar. Uma ótima maneira de estabelecer uma relação positiva com as empresas ou residências no entorno é uma visita pessoal. Apresente-se e explique um pouco sobre seu negócio. Após a reunião inicial, é possível marcar outras reuniões para discutir problemas que venham a surgir, como estacionamento ou fluxo de trafego. Ajuda muito ser proativo e abordar quaisquer possíveis problemas logo no início, antes que pequenas insatisfações se tornem problemas gigantescos.

Ao identificar seu público e sua mensagem, os primeiros passos em direção a uma comunicação eficaz foram dados. Agora, é necessário cuidado para evitar as armadilhas mais comuns na comunicação eficaz. Compreender os desafios o torna mais bem preparado para evitar cair nessas armadilhas de comunicação.

viço, vamos dar o próximo passo no processo da comunicação eficaz. Em seguida, você precisa estabelecer o que deseja que seu público saiba a seu respeito, ou melhor, qual é a mensagem ou a impressão geral que deseja apresentar para a comunidade.

*Não se trata de fazer promessas que não possa cumprir*, mas sim de examinar toda a sua operação para determinar os pontos fortes e fracos. A mensagem que pretende apresentar deve refletir com precisão como conduz seus negócios.

O próximo passo é se concentrar nos pontos fortes que acredita atender melhor seu principal público e estabelecer qual é a melhor forma de comunicar esses pontos fortes. É possível também trabalhar alguns dos pontos fracos. Encontre maneiras de melhorar sua escola de educação infantil, mas, tão importante quanto isso, certifique-se de que seu público esteja ciente das melhorias que estão sendo feitas. Essas melhorias podem envolver aprimorar seu currículo, oferecer capacitação para os professores ou modernizar suas instalações físicas.

Você já deu uma boa olhada, de forma objetiva, em seus negócios. Agora, precisa obter algumas informações adicionais com seus professores e demais funcionários, as famílias atualmente matriculadas e seus amigos.

## Dez armadilhas comuns em uma comunicação eficaz para escolas de educação infantil

- Transmitir uma mensagem ou imagem mal definida da sua escola;
- Fazer promessas ou afirmações falsas ou que não possam ser cumpridas;
- Desperdiçar tempo e dinheiro com mensagens detalhadas para pessoas fora do seu público principal;
- Não fornecer informações suficientes a seu público principal;
- Transmitir mensagens inconsistentes;
- Funcionários mal informados;
- Escolher o veículo errado para transmitir sua mensagem;
- Ser reativo em vez de proativo;
- Presumir que seu público já conheça as informações;
- Fornecer materiais mal preparados.

TRANSMITIR UMA MENSAGEM OU IMAGEM MAL DEFINIDA DA SUA ESCOLA. Se não gastar um tempo para examinar a filosofia de seu negócio e determinar os pontos fortes e fracos, não será capaz de dizer a seus clientes e clientes potenciais exatamente o que você pode oferecer. Na verdade, é necessário saber exatamente quem você é para que possa vender sua imagem aos outros. Deve ser capaz de distinguir-se da concorrência. Deve ser capaz de se destacar.

FAZER PROMESSAS OU AFIRMAÇÕES FALSAS OU QUE NÃO POSSAM SER CUMPRIDAS. Junto com as mensagens mal definidas estão aquelas que simplesmente não são verdadeiras. Não há maneira mais rápida de afastar os clientes do que fazer afirmações e promessas que não possa ou não espera cumprir. Se seu texto promocional diz que fornece refeições saudáveis para as crianças sob seus cuidados, mas, na verdade, o almoço é geralmente macarrão instantâneo ou cachorro-quente, as famílias não ficarão nada satisfeitas. Sua mensagem sobre as refeições saudáveis não era verdadeira. Se você não tem intenção de oferecer alimentos saudáveis, não mencione as refeições, ou seja honesto com seus clientes e publique os cardápios completos.

Desperdiçar tempo e dinheiro com mensagens detalhadas para pessoas fora do seu público principal. Você gastou muito tempo preparando anúncios e outros materiais promocionais e está ansioso para que todos possam vê-lo, então os distribui em um evento do shopping center local. No entanto, os clientes em um evento casual no shopping center ou de festa da comunidade não precisam do tipo de informações detalhadas preparadas por você. A maior parte dos textos promocionais que você entrega em um evento acaba no lixo. Um cartão de visita, um folheto simples ou, talvez, um comunicado atual da escola seriam tão eficazes quanto um manual caro. Se as pessoas estiverem realmente interessadas, agendarão uma visita à escola. O momento adequado para fornecer uma cópia de seu manual é quando as famílias realmente entram em sua escola por uma visita. Você pode usá-lo para aprofundar a conversa com as famílias ou para esclarecer quaisquer motivos de preocupação. Use seus recursos com sabedoria e, ao dar informações precisas, equilibre aquilo que seu público "precisa saber" com o custo de alcançá-los.

Não fornecer informações suficientes a seu público principal. Se as famílias não conhecem sua política de férias, elas não serão capazes de atender aos requisitos. Da mesma forma, se estiverem certas quanto a seu horário de funcionamento ou qualquer outro detalhe, isso acarretará em frustração para todas as partes envolvidas. Certifique-se de que as famílias sejam informadas quanto a cada detalhe da sua escola que se aplica a seus filhos e seus requisitos.

As famílias de seus alunos são tão ocupadas quanto você. Eles não gostam de descobrir que seus filhos precisam de um chapéu de festa um dia antes da apresentação. Em muitos casos, é possível ter passado à criança todas as informações necessárias, mas elas se perderam em algum ponto entre a escola e o carro ou a casa. Você precisa enviar a mesma mensagem de várias formas diferentes. Se uma mensagem é importante, coloque-a na porta, escreva um comunicado na caixa de correspondência e exponha no quadro de avisos. A confusão precisa sempre ser prevista.

Transmitir mensagens inconsistentes. Um plano de comunicação bem-sucedido exige mensagens uniformes para todos os seus diferentes públicos. Você não pode dizer para um grupo de famílias que está TUDO BEM se seus filhos não forem "totalmente" ensinados a usar o banheiro e, em seguida, negar a admissão de outra criança na escola, porque ela está no mesmo estágio. Isso voltará incomodá-lo. Ter procedimentos definidos por escrito o ajuda a apresentar uma mensagem consistente de forma que todos os seus clientes sintam que estão sendo tratados de forma justa.

Funcionários mal informados. Seus funcionários são o coração da escola de educação infantil, constituindo o núcleo do seu negócio. Eles cuidam das crianças e interagem com as famílias diariamente. Caso seus funcionários estejam mal informados ou não estejam familiarizados com suas políticas e procedimentos, os clientes logo

### Quando a comunicação é interrompida

O pior cenário para uma escola de educação infantil é uma casa. A escola passou por dificuldades com relação a uma entrada para carros compartilhada com os donos da residência vizinha. A escola de educação infantil era licenciada e operava havia vários anos. Os vizinhos não tinham problemas com a escola ou o trânsito diário na entrada compartilhada até alguns anos mais tarde, quando decidiram vender a propriedade. Os proprietários sentiram que as questões da entrada compartilhada, do trânsito e do estacionamento associadas à escola vizinha teriam um impacto negativo sobre o preço de venda de seu imóvel.

Os proprietários levaram o caso aos tribunais, solicitando que o juiz fechasse totalmente a escola de educação infantil. Assim, uma vizinhança amigável tornou-se um campo de batalha. O juiz não fechou a escola como os proprietários esperavam, mas reduziu o número máximo de crianças que a instituição poderia atender. Os proprietários venderam a propriedade e se mudaram. Os proprietários da escola gastaram uma grande soma de dinheiro com despesas legais, construção de uma nova entrada e custos de abertura de uma nova escola de educação infantil.

Lição de comunicação: Faça sua pesquisa, incluindo as questões legais, antes de concretizar seu plano de negócios. Contrate um especialista para ajudá-lo com qualquer questão complicada. Torne uma prioridade conhecer seus vizinhos e agir de forma proativa com esse público para estabelecer um relacionamento de respeito mútuo. Quando as linhas de comunicação são estabelecidas logo no início, todas as partes envolvidas têm uma chance melhor de resolver os problemas antes que se tornem uma situação irreparável.

---

questionarão sua capacidade para cuidar de seus filhos. Uma equipe de funcionários mal treinada passará uma má impressão e transmitirá às famílias informações incorretas ou inconsistentes.

Se os membros da equipe são incapazes de responder a perguntas sobre a escola e suas atividades, e as famílias são forçadas a procurar o diretor mesmo para as questões mais insignificantes, elas podem se questionar quão capazes e qualificadas são as pessoas que cuidam de seus filhos.

Escolher o veículo errado para transmitir sua mensagem. Um folheto em quatro cores e dez anúncios no rádio podem levar você a se sentir como quem finalmente "entrou" no mundo da publicidade. Entretanto, é preciso considerar se esta é a maneira mais eficaz de alcançar as famílias potenciais. Será que as pessoas que colocarão seus filhos sob seus cuidados escutam a estação de rádio em que veiculou os anúncios? Será que elas ouvem esta estação nos horários que os anúncios são transmitidos? Como você distribuirá os folhetos? Um folheto bem escrito e design profissional em quatro cores pode ser uma excelente ferramenta de marketing, mas não se ficar no fundo da gaveta. O dinheiro gasto com os folhetos não seria mais eficaz se tivesse produzido um manual da escola de educação infantil ou um boletim mensal?

Ser reativo em vez de proativo. Você deseja ser um comunicador proativo. Se acha que os padrões de trânsito em frente à sua escola serão um problema às 15 horas, use sua proatividade discutindo essa questão com os vizinhos antes que um deles traga esse problema. Se tiver uma criança com problemas de comportamento, você pode ser um comunicador proativo, contatando as famílias para uma reunião de pais e professores a fim de discutir as possíveis causas desse comportamento e chegar a soluções plausíveis.

PRESUMIR QUE SEU PÚBLICO JÁ CONHEÇA AS INFORMAÇÕES. Você vem usando o mesmo manual de regulamento interno nos últimos cinco anos e conhece cada palavra. Seus funcionários estão com você a um longo tempo e conhecem bem as políticas da escola de educação infantil. Mas não se pode presumir que as famílias também conheçam as políticas. Na maioria das vezes, as famílias vão ler ou folhear o manual de políticas, mas, assim que o primeiro dia de inverno chegar, eles terão muitas dúvidas. Se necessário, pequenos lembretes, um comunicado simples ou telefonemas podem reforçar as informações para as novas famílias e ajudá-las a fixar e compreender as suas políticas.

FORNECER MATERIAIS MAL PREPARADOS. Caso elabore o boletim de sua escola ou contrate um redator e um artista gráfico para ter um material de qualidade, certifique-se de que todos estejam bem escritos e sem erros. Não há nada pior que um texto cheio de erros de ortografia, gramática e pontuação. Reserve um tempo extra para revisar todos os seus materiais antes de serem impressos.

O trabalho com educação infantil depende muito da sua imagem. Você pode apresentar um programa de educação infantil maravilhoso, funcionários treinados e atenciosos e instalações fabulosas, mas, se a percepção do público é de mau atendimento, os clientes permanecerão a distância. É necessário levar as pessoas a conhecer sua atuação e como sua escola pode ajudá-los. Você controla sua imagem e as mensagens que transmite para a comunidade. Isso só pode ocorrer após dedicar tempo necessário para analisar seu público e determinar o que gostaria que ele soubesse sobre você.

## Relatório de progresso de comunicação

| Habilidade ou tarefa | Alcance das habilidades | | |
| --- | --- | --- | --- |
| | QUASE SEMPRE | HABILIDADES EMERGENTES | A MELHORAR |
| Posso identificar meus cinco públicos. | ☐ | ☐ | ☐ |
| Foi implementado um plano bem desenvolvido para personalizar as comunicações com base no público. | ☐ | ☐ | ☐ |
| Vários meios de comunicação foram estabelecidos para os alunos atuais e suas famílias. | ☐ | ☐ | ☐ |
| A maioria dos atuais alunos e suas famílias está satisfeita com os serviços prestados. | ☐ | ☐ | ☐ |
| Os funcionários estão bem instruídos quanto a todas as políticas da escola de educação infantil. | ☐ | ☐ | ☐ |
| A maioria dos funcionários orgulha-se da escola de educação infantil e tem prazer em fazer parte dela. | ☐ | ☐ | ☐ |
| Foram implementadas várias estratégias para alcançar novos alunos e suas famílias. | ☐ | ☐ | ☐ |
| A escola de educação infantil tem uma relação forte e positiva com a comunidade. | ☐ | ☐ | ☐ |
| Os prestadores de serviço são bons representantes da escola de educação infantil. | ☐ | ☐ | ☐ |
| O foco do negócio está bem-definido. | ☐ | ☐ | ☐ |
| Pontos fortes e fracos da escola de educação infantil foram identificados. | ☐ | ☐ | ☐ |

# Os seis elementos da comunicação

Pontos-chave:

- Como identificar e utilizar os três elementos mais importantes da boa comunicação.
- Como identificar e evitar os três erros que podem sabotar a boa comunicação.
- Como usar cenários da vida real para analisar situações de diversas perspectivas.

capítulo 2

No mundo dos negócios, a forma como você comunica é tão importante quanto o conteúdo que é transmitido. Cada vez que você interage com uma família, um membro de sua equipe, um colaborador ou uma criança, está construindo sua reputação. Embora sejam assuntos diferentes a cada conversa, há três elementos comuns que podem ser usados para garantir que sua mensagem transmita uma imagem de profissionalismo. Ela deve ser sempre *clara, coerente* e *cuidadosa*. Tão importante quanto os três elementos positivos da comunicação são os três erros mais comuns. Embora sua mensagem possa ter sido bem-intencionada, incluindo elementos de *confronto, conflito* ou *descuido*, esses erros podem deixar seu público confuso e, possivelmente, irritado. O primeiro passo para melhorar suas habilidades de comunicação é aprender sobre as técnicas que podem ser aplicadas em situações da vida real. Você terá, então, de pôr essas ideias em ação e determinar as abordagens que funcionam melhor em seu ambiente. Para começar, vamos discutir os três elementos positivos da comunicação, que devem ser utilizados em cada uma de suas mensagens.

## Elemento positivo da comunicação nº 1: Clareza

Alguma vez já se atrapalhou ao explicar algo a alguém, mesmo quando a situação que queria descrever estava clara em sua mente? É normal que isso já tenha acontecido com você, pois já aconteceu com todos em algum momento. A transmissão do pensamento para a fala pode ser complexa, mas é uma habilidade importante para uma comunicação eficaz. Para ser eficaz, seu público deve entender sua mensagem. Antes de uma conversa importante, reserve alguns minutos para se preparar. É possível fazer alguns lembretes e exemplos, se precisar. Como educador, muitas vezes, somos responsáveis por iniciar conversas difíceis com as famílias. Se planeja abordar uma família sobre problemas comportamentais do filho dela, é fundamental que esteja preparado com exemplos específicos. Use termos de fácil compreensão para todos, não apenas para profissionais da área, e incentive seu público (nesse caso, a família) a falar e fazer perguntas.

Embora tal discussão possa ser comum entre os profissionais da educação infantil, a linguagem técnica não transmite uma mensagem clara para a família. A família pode sair da reunião incerta quanto ao significado de termos como *adequação do desenvolvimento* e fonética, e imaginando o que seja um fonoaudiólogo?[1] A mesma conversa pode ser simplificada para melhorar sua clareza, mas também é importante perguntar à família se eles têm alguma dúvida. Algumas famílias podem não se sentir à vontade para fazer perguntas, com receio de que possam ser vistas pela professora como ignorantes a respeito do seu filho e os comportamentos adequados. Como resultado, a mensagem da professora, que é trabalhar as habilidades de leitura em casa e procurar uma avaliação para o ceceio, pode passar despercebida. A mesma conversa pode ser reformulada de modo que a mensagem esteja clara.

---

[1] No original, *Speech-language pathologist* (SLP), expressão utilizada para designar o profissional capacitado para identificar e tratar problemas de fala e de linguagem, isto é, o fonoaudiólogo. (NRT)

No segundo exemplo, a professora usa uma linguagem mais fácil para seu público entender. Ela também dá exemplos e oportunidade à família para que tire suas dúvidas ou solicite informações adicionais. É muito provável que a criança se beneficie mais com a segunda conversa.

## Elemento positivo da comunicação nº 2: Coerência

Em educação infantil, você deve esperar que seus públicos conversem entre si e, em alguns casos, façam comparações sobre as mensagens recebidas de você. É por isso que é tão importante ter coerência entre suas comunicações sobre qualquer

**QUANDO A COMUNICAÇÃO É INTERROMPIDA**

Uma professora de escola de educação infantil solicitou uma reunião com a família de uma de suas alunas. Samantha tem apresentado dificuldades crescentes para acompanhar o currículo e, além disso, ela tem um ceceio pronunciado e pode necessitar de serviços especiais para corrigir seu problema de fala. A professora apresenta a situação à família da seguinte forma:

"Estou preocupada com Samantha, pois ela está com dificuldade para acompanhar o currículo. Este foi elaborado para se adequar ao desenvolvimento das crianças com 5 anos, com ênfase na fonética em vez da leitura como um todo. Acredito que a Samantha possa se beneficiar com algum trabalho adicional em casa, junto com vocês, voltados para essas habilidades. Além disso, preocupo-me com sua fala e gostaria de recomendar uma consulta com um fonoaudiólogo para uma avaliação mais ampla".

**COMUNICAÇÃO EFICAZ EM AÇÃO**

"Gostaria de conversar com vocês sobre alguns problemas que tenho observado com a Samantha. Ela tem enfrentado dificuldades para acompanhar o restante da turma, especialmente quando se trata de leitura. Por exemplo, ontem dei às crianças uma cópia dessa história para ler. [A professora entrega à família uma cópia da história.] Espera-se que a maioria das crianças na escola de educação infantil sejam capazes de lê-la sozinhas. Samantha teve muita dificuldade para terminá-la. Creio que seria útil se ela dedicasse algum tempo em casa, junto com vocês, para trabalhar a fonética. A fonética é um processo no qual as crianças aprendem a ler através do som das palavras. Deixe-me mostrar como eu a ajudaria a aprender a ler essa história aplicando a fonética. [Demonstração da professora.] Vocês têm alguma dúvida a respeito do processo? Gostariam que eu fizesse outra demonstração?"

"Além disso, acho que é importante discutir a fala da Samantha. Tenho certeza de que vocês notaram que ela tem alguns problemas para pronunciar os sons de *s* e *z*. Isso é comum nas crianças, mas ela deve passar por um profissional (fonoaudiólogo) que possa avaliar sua fala e trabalhar com ela todas as áreas problemáticas. Aqui está o nome de um fonoaudiólogo com consultório em nossa região, que já trabalhou com outras crianças de nossa escola."

RESULTADO: A professora explicou como as crianças aprendem a ler, utilizando um método compreensível. Ela ofereceu à família sugestões e soluções, o que levou a se sentirem mais à vontade com relação aos problemas que sua filha apresenta para ler.

tópico. É surpreendente como pequenos incidentes podem provocar sentimentos ruins se houver suspeita de favoritismo. Analise bem todos os ângulos de qualquer situação antes de decidir "quebrar as regras". Caso faça uma exceção a certa família ou membro de sua equipe, a tendência é receber pedidos de exceções semelhantes.

Coerência é especialmente importante quando você tem suas políticas e procedimentos divulgados na proposta pedagógica e em outros documentos da escola, por exemplo, manuais escritos especialmente para os pais das crianças. Discutiremos esses documentos em detalhes no Capítulo 5, mas, por ora, é importante ter em mente que, antes de colocar qualquer coisa no papel, é preciso ter certeza de que está empenhado em seguir e aplicar essas políticas.

**Atividade 2.1** Criação de mensagens coerentes

Considere as seguintes cenas da vida real. Separe um tempo para anotar suas ideias sobre como os problemas podem ser tratados de maneira coerente e ponderada em relação às necessidades do seu público.

CENA: Suponha que uma família perguntou sobre a possibilidade de oferecer um lanche especial de aniversário para seu filho de 4 anos. A intenção é preparar biscoitos com gotas de chocolate e bolo crocante de chocolate com paçoca. Seu manual afirma explicitamente que produtos derivados de amendoim não podem ser levados para a escola porque muitas crianças são alérgicas. A família verificou com a professora e confirmou que nenhuma das crianças da classe de seu filho é alérgica a amendoim. Assim, eles acreditam que possa ser feita uma exceção no caso dessa ocasião especial.

COMO VOCÊ LIDARIA COM ESSA SITUAÇÃO?

RESPOSTA POSSÍVEL: Muitas famílias podem não entender a lógica por trás de algumas políticas da escola. Pode ser útil explicar que algumas crianças podem ter uma reação alérgica grave apenas entrando em contato com outra criança que tenha resíduos de amendoim em suas mãos. A "política" não tem a intenção de ser excessivamente restritiva, mas é uma medida necessária para manter todas as crianças da escola em segurança. Talvez a família possa celebrar o aniversário com biscoitos com gotas de chocolate e bolo crocante de chocolate com paçoca em casa. Entretanto, para o bem-estar de todas as crianças na escola, a família não pode ser autorizada a trazer quaisquer itens que contenham amendoim.

CENA: Uma professora pediu para ser escalada para o turno das 7h às 15h30 todas as sextas-feiras durante os meses de verão. Este é o turno favorito de todos os funcionários, especialmente durante o verão. Normalmente, a programação é feita de forma rotativa, permitindo que todas as professoras sejam escaladas para o turno da manhã uma sexta-feira por mês. O pai da professora que fez esse pedido se recupera de um derrame e precisa de cuidados constantes.

A família está tendo dificuldades para encontrar alguém que possa ajudá-los nas tardes de sexta-feira. A professora acredita que, dadas essas circunstâncias atenuantes, uma exceção pode ser feita para permitir que ela mantenha o turno preferido às sextas-feiras.

COMO VOCÊ LIDARIA COM ESSA SITUAÇÃO?

RESPOSTA POSSÍVEL: Há vários ângulos pelos quais se deve analisar essa situação. Se você se guiasse apenas pela coerência, provavelmente responderia que, infelizmente, a professora terá de trabalhar nos turnos conforme previsto. Ela poderá vir no turno da manhã apenas uma sexta-feira por mês, da mesma forma que todos os outros membros da equipe. No entanto, dadas as circunstâncias, você pode ser tentado a conceder à professora o tempo que ela necessita para estar com o pai doente. Antes de tomar essa decisão, entretanto, é importante estar ciente de como isso afetará os outros membros da equipe, uma vez que eles também podem ter motivos importantes para manter a escala como está. Você pode sugerir que a professora fale com cada um dos demais funcionários quanto à possibilidade de desistirem do turno da manhã às sextas-feiras. Ninguém deve ser forçado a abandonar o turno da manhã, mas, se uma professora está disposta a fazê-lo, isso pode ser arranjado. Se esta for a abordagem escolhida, não se esqueça de que outros membros da equipe poderão solicitar a mesma flexibilidade na programação, utilizando um esquema semelhante em algum momento no futuro. Se permitir que seja feita uma exceção em determinada situação, esteja preparado para tratar casos futuros de forma coerente.

## Elemento positivo da comunicação nº 3: Cuidado

A base fundamental por trás de todos os centros de educação infantil é o verdadeiro afeto pelas crianças. Estas aprendem melhor em um ambiente de apoio e respeito. Da mesma forma, a comunicação ocorre melhor em um ambiente no qual o público sente que suas necessidades são importantes e levadas em consideração. Para ser um comunicador eficaz, primeiro, você deve dominar a habilidade de ouvir. Dedique o tempo necessário para entender claramente o que a outra pessoa está tentando lhe dizer. Peça mais explicações, caso a mensagem não esteja clara.

Uma forma de demonstrar fisicamente a seu público que se importa com o que estão dizendo é pela linguagem corporal. É importante olhar de modo direto para a pessoa que está falando e demonstrar sua atenção, interrompendo quaisquer atividades que esteja realizando. Se olhar para o relógio ou continuar a digitar, dará a impressão de que possui outras tarefas mais importantes. Você deve mostrar aos outros o mesmo respeito pelo tempo dele que espera que tenham pelo seu tempo. Esteja ciente de como posiciona seu corpo em relação à pessoa com quem está falando. Se seu público está sentado, considere colocar-se no mesmo nível como um gesto simbólico, mostrando que ambos são iguais nessa discussão. Ao cumprimentar um recém-chegado, deve sempre se levantar, oferecendo um aperto de mão firme e um cumprimento acolhedor. Tente fazer que outros se sintam à vontade a seu redor, mantendo uma atitude agradável e calma, mesmo durante discussões difíceis. É uma boa ideia ter um espaço na escola destinado a conversas particulares. Como educadores, frequentemente, temos acesso a informações pessoais sobre as famílias de nossas crianças. Você pode facilitar discussões importantes se tiver um espaço tranquilo e privado, onde todos possam ter um momento para relaxar e se concentrar no problema em questão. Sempre peça a todos os pais suas opiniões e que se lembrem de ações que tiveram sucesso no passado.

**QUANDO A COMUNICAÇÃO É INTERROMPIDA**

Os pais desejam conversar com a professora sobre um problema que seu filho tem tido com outra criança da classe. Infelizmente, chegaram num momento em que a professora cuidava de uma criança que estava chorando. Embora a professora estivesse ouvindo as preocupações da família, ela não foi capaz de desviar os olhos da criança chorando. Os pais ficaram em pé enquanto a professora permaneceu sentada no chão, e eles saíram com a impressão de que a professora poderia ter muitas outras responsabilidades e que, talvez, seu filho estivesse melhor em outra classe. Já para a professora, a conversa foi produtiva e serviria para torná-la mais consciente das interações entre as duas crianças no futuro e mais atenta para intervir quando necessário.

Atualmente no mundo empresarial, é necessário ter cuidado para que suas ações não levem os outros a se sentirem desconfortáveis. Muitas pessoas em um ambiente profissional não se sentem à vontade com qualquer tipo de contato físico direto, com exceção de um aperto de mão. Você nunca deve tocar o braço ou a perna de outra pessoa durante uma interação, mesmo que esta seja uma ocorrência frequente entre amigos. Certifique-se de permitir a seu público o espaço pessoal de que precisa para se sentir à vontade.

Essa cena simples ilustra a rapidez com que podem surgir mal-entendidos. É possível que a família nessa situação abordasse o diretor para pedir uma mudança de classe para seu filho. Provavelmente, a professora ficaria surpresa e incerta quanto à razão desse pedido.

Assim, você teve a oportunidade de rever os três elementos da comunicação que devem ser incorporados em cada interação com seu público. Quando sua comunicação é *clara*, *coerente* e *cuidadosa*, é possível garantir que sua mensagem seja transmitida de forma eficaz para as outras pessoas. Agora, vamos analisar as três técnicas de comunicação negativas: *confronto*, *conflito* e *descuido*. Deve-se trabalhar para eliminar esses três fatores da comunicação, pois eles levam à confusão e sentimentos ruins.

**COMUNICAÇÃO EFICAZ EM AÇÃO**

A professora é abordada por uma família que deseja falar sobre seu filho. Infelizmente, ela atende no momento às necessidades de uma criança que está chorando, o que a impede de se concentrar na conversa. A professora explica que deseja dispor do tempo necessário para discutir de modo pleno as preocupações da família, mas naquele momento é praticamente impossível. Ela pergunta à família se podem esperar por dez minutos enquanto ela acalma a criança que chora e procura outra professora para supervisionar a classe. Porém a família não pode esperar e a professora solicita que agendem outra hora para discutir o problema. Ela informa à família que entende que esta é uma conversa importante e quer ser capaz de dar-lhes total atenção. A professora e a família se encontram mais tarde num local mais tranquilo, em que podem se sentar confortavelmente e discutir as questões que os têm preocupado. Durante a conversa, a professora mantém seu foco na família o tempo todo. Ela faz contato visual e perguntas pertinentes. A professora e a família devem trabalhar juntas para definir um plano que seja adequado a todos os envolvidos.

RESULTADO: Essas poucas atitudes extras levam a família a reconhecer que a professora se importa com suas preocupações. A professora será capaz de atender adequadamente às necessidades da criança.

## Elemento negativo da comunicação nº 1: Confronto

A escolha das palavras pode incentivar ou acabar com sua conversa. Portanto, deve-se escolher palavras e frases que não demonstrem julgamentos. Tente evitar palavras com conotações estritamente negativas, tais como *ruim*, *errado* ou *eu quero*. O foco de toda comunicação deve ser o que é melhor para a criança, a família, a professora ou para a escola como um todo. Você deseja criar um ambiente que facilite a discussão e não o confronto. Quando as pessoas sentem que podem ser confrontadas, frequentemente se colocam na defensiva e não desejam ouvir o que os outros têm a dizer.

Os confrontos ocorrem geralmente quando as emoções substituem a razão. Caso sinta-se oprimido por suas emoções, é seu dever como profissional retroceder para reavaliar as questões atuais. É perfeitamente aceitável pedir um tempo para organizar seus pensamentos ou, até mesmo, marcar outra data para continuar a conversa. É impossível retirar o que já foi dito, assim certifique-se de nunca permitir tornar-se tão dominado pela emoção a ponto de fazer observações das quais se arrependerá mais tarde.

Quase todas as famílias possuem um instinto de "mãe urso": elas sentem necessidade de proteger seus filhos a qualquer custo. Esse instinto pode levar a confrontos, mas, como profissional da educação infantil, você deve estar preparado para lidar com essas situações. Se for confrontado por um membro da família que esteja nervoso, deve informar-lhe que compreende a importância do tema e pretende se sentar para discutir a questão. Pergunte à família se é possível agendar um horário para conversarem, quando poderá dar-lhes sua total atenção. Esse ligeiro adiamento vai proporcionar tempo para organizar seus pensamentos, além de permitir que a família tenha "um tempo para se acalmar". Durante a discussão, deve ter em mente que é um profissional e nunca deve levantar a voz ou usar uma linguagem provocativa, mesmo se a família não estiver agindo do mesmo modo. Pode ser necessário ter outra pessoa presente para testemunhar a conversa no caso de serem feitas acusações posteriormente. Se se sentir ameaçado em algum momento, é seu direito acabar rapidamente com a conversa e retirar-se da situação. Além disso, se sentir que uma pessoa está se tornando uma ameaça para você e para as crianças sob seus cuidados, tem o direito de solicitar-lhe que se retire imediatamente da escola. Se essa solicitação não for atendida, chame a polícia para obter ajuda. Embora esta seja uma cena improvável, é importante estar preparado. Quando há crianças envolvidas, as emoções são facilmente incitadas, mas é responsabilidade do educador permanecer calmo e ter a situação sob controle.

**Atividade 2.2** Lidar com o confronto

Considere as seguintes cenas da vida real. Separe um tempo para anotar suas ideias sobre como os problemas podem ser tratados de maneira a minimizar o confronto e encontrar uma solução aceitável para todos os envolvidos.

Cena: Como professor, você trabalhou incansavelmente em seus planos de aula para a próxima unidade. Mostrou-os a outra professora para receber um retorno. Hoje, entra na sala de aula de sua colega de trabalho e encontra seu plano fixado no quadro de avisos dela. Você fica furioso porque ela tomou seus planos e alegou serem dela.

Como você lidaria com essa situação?

Resposta possível: Dispenda um minuto para se recompor e resistir à tentação de confrontar sua colega de trabalho com: "Como se atreve a roubar minhas ideias!". Agir assim só levará a uma resposta emocional e não vai ajudá-lo a solucionar a situação. Se as crianças estão começando a chegar, deverá esperar para ter essa conversa até que tenham um minuto a sós. Ao abordar sua colega de trabalho, faça-o de forma que demonstre que sabe que ela empregou suas ideias e outros também podem estar cientes de que as ideias originais eram suas, mas não a coloque na defensiva. Por exemplo, poderia dizer: "Vejo que usou as minhas ideias para seu quadro de avisos. Estou feliz por você ter achado que eram bons planos. Eu também os mostrei para alguns outros professores, e eles concordaram que as crianças gostariam do projeto. Talvez, no futuro, possamos trabalhar juntos para planejar uma aula e montar o quadro de avisos. Você tem alguma ideia para a unidade do próximo mês?".

CENA: O pai de um de seus alunos de 4 anos dirige-se agressivamente a você na hora da entrada. Ontem, sua filha relatou que foi beliscada por outra criança em sala de aula. O pai mostra um grande hematoma no braço da menina. Você não estava ciente do incidente, pois a criança não chorou nem relatou o beliscão. O pai está furioso por não ter dado atenção suficiente à sua filha. Ele questiona suas credenciais como professora e sua capacidade de manter um ambiente seguro para sua filha. Ele informa que planeja fazer uma reclamação formal ao diretor da escola em relação à sua "negligência".

COMO VOCÊ LIDARIA COM ESSA SITUAÇÃO?

RESPOSTA POSSÍVEL: Deve dizer-lhe que ele tem todo o direito de relatar a situação ao diretor. Se ele achar importante, é possível marcar uma reunião entre a família, você e o diretor. Nesse momento, é necessário mostrar ao pai que sente muito pelo que aconteceu com a menina. Além de pedir desculpas, pode assegurar-lhe que observa atentamente todas as crianças. Se tivesse visto o incidente ou se sua filha o tivesse relatado, teria seguido os procedimentos adequados de primeiros socorros. A família deve estar ciente de que é política da escola relatar imediatamente todos os incidentes às famílias. Pergunte ao pai se ele permite que se sente com sua filha para conversar sobre o que ela pode fazer se isso voltar a acontecer. Diga à criança, na presença de seu pai, que ela deve sempre avisar à professora imediatamente se for ferida por outra criança.

## Elemento negativo da comunicação nº 2: Conflito

É inevitável que ocorram situações em que haja conflito. É necessário se esforçar para trabalhar com a outra parte envolvida de modo a resolver esse conflito. Certifique-se de que sua posição seja clara, coerente e cuidadosa, e que não está confrontando a outra parte. Todas as partes devem ser devidamente informadas sobre todos os aspectos da questão e devem ter a chance de fazer perguntas, além de ter tempo para pensar sobre as possíveis soluções. Mesmo quando está aplicando as boas habilidades de comunicação, é possível que surjam linhas de batalha. Pode ser que você e uma família ou você e outro membro da equipe simplesmente não concordem sobre determinada situação. Mesmo que isso ocorra, entretanto, é necessário manter uma atitude profissional.

### QUANDO A COMUNICAÇÃO É INTERROMPIDA

Na reunião final da classe de 4 anos, você se senta com uma família para discutir o progresso de seu filho em sala de aula ao longo do ano que passou. Informa à família que seu filho não está pronto para passar para a classe do pré e deve permanecer na classe de 4 anos. A família ficada chocada com essa notícia e não quer discutir a possibilidade de seu filho não iniciar a pré-escola no próximo ano. Eles ficam irritados por não terem sido avisados a respeito anteriormente, embora sejam lembrados que, ao longo do ano, fez algumas referências breves sobre o nível de maturidade do menino. A família informa que seu filho vai para a pré-escola no próximo ano e que veem sua recomendação para mantê-lo na classe de 4 anos como um sinal de seu fracasso como professora.

> **QUANDO A COMUNICAÇÃO É INTERROMPIDA**
>
> A professora senta-se com a família de um de seus alunos de 4 anos. Ela já sabia que essa seria uma conversa difícil e, por isso, preparou-se bem. A professora informa à família que ela acredita ser melhor para a criança continuar na mesma etapa atual. Ela dá muitos exemplos do porquê a criança não está emocionalmente preparada para passar para a pré-escola. Esta é uma conversa que já teve com a família em diversas ocasiões ao longo do ano. A professora faz a família ver quanto a criança aproveitará mais o currículo do pré se tiver mais um ano para se desenvolver no currículo atual; e certifica-se de que a família saiba que essa recomendação não tem nada a ver com a capacidade intelectual ou emocional futura da criança. É simplesmente uma questão de maturidade e prontidão, não sendo incomum que algumas crianças iniciem a pré-escola aos 6 anos,[2] em vez de aos 5. Embora a família não esteja surpresa com a notícia, eles continuam descontentes. Fazem perguntas e concordam em pensar sobre a recomendação da professora durante as férias. A professora diz à família que ela entende que a decisão final cabe a eles. Ela pede a eles que não hesitem em contatá-la caso desejem discutir mais o assunto.

O primeiro passo para resolver os conflitos é identificar as questões com as quais todos concordam. Em muitos casos, todos concordarão que o melhor para a criança é o mais importante. No entanto, o conflito pode surgir de ideias divergentes sobre a forma mais adequada de atingir essa meta. Felizmente, as partes em conflito podem ter mais em comum do que se pode constatar inicialmente. Reserve um tempo no início para identificar os pontos em que concordam, de forma que possa concentrar suas energias nas áreas em que há divergências.

Se o conflito é sobre uma família com relação a seu filho, deve-se respeitar o fato de que o poder da decisão final pertence à família. Como profissional da educação infantil, é possível dar conselhos e sua opinião, fornecendo exemplos que sustentem sua posição, mas, se uma família optar por não seguir suas palavras, é importante respeitar essa decisão. Se o conflito ocorre entre dois membros da equipe, pode ser que eles só precisem respeitar as opiniões diferentes uns dos outros e concordar em discordar. Se o problema for tão sério que uma decisão deve ser tomada, o coordenador deve ser incluído na conversa. Se o resultado final não for a seu favor, é preciso aceitar a decisão sem ressentimento e estar disposto a superar suas diferenças.

Nessa situação, a professora confrontou a família com informações importantes que, por fim, levaram ao conflito. Faltou também consistência na mensagem da professora, pois a família deveria ter sido informada repetidamente ao longo do ano que seu filho talvez não estivesse pronto para frequentar a pré-escola no ano seguinte. A resposta emocional da família não permite qualquer discussão nem dá à professora a oportunidade de esclarecer sua posição.

---

[2] No Brasil, as crianças com 6 anos completos ou a completar até o dia 31 de março do ano em que ocorrer a matrícula devem ser obrigatoriamente matriculadas no Ensino Fundamental (Resolução CNE/CEB 07/2010). (NRT)

A capacidade para lidar com conflitos e resolvê-los adequadamente é uma habilidade difícil de ensinar. A familiarização com a proposta pedagógica e as políticas da escola é apenas parte da preparação necessária para lidar com os conflitos e resolvê-los. Os membros de sua equipe também precisam ser capazes de pensar por si mesmos, além de estarem preparados para as perguntas que não podem ser respondidas com a proposta. Também precisam estar preparados para lidar com conflitos que não sejam decorrentes de uma ação sua.

## Atividade 2.3 Resolução de conflitos

Considere a seguinte cena da vida real. Separe um tempo para anotar suas ideias sobre como o assunto poderia ser tratado de forma profissional e tranquila.

CENA: Você é a professora de determinada classe e está contando uma história quando um pai a interrompe: "Você perdeu a lancheira do meu filho! Eu preciso que a encontre agora para que possamos ir embora!".

COMO VOCÊ LIDARIA COM ESSA SITUAÇÃO?

RESPOSTA POSSÍVEL: Como profissional da educação infantil, você deve se manter calmo, atencioso, informado e controlado, apesar desse conflito. Sempre que surge um conflito, precisa se certificar de que está interpretando corretamente o problema real em questão. Uma das formas mais fáceis de conseguir isso é rever o problema que lhe é apresentado. Em situações como esta, pode achar que esse passo é desnecessário, mas servirá muito bem em situações mais complexas. Aqui, é possível reformular o problema da seguinte forma: "Sinto muito, o senhor disse que precisa de ajuda para encontrar a lancheira que está faltando?". Depois de confirmado o conflito em questão, pode dar início aos passos para resolvê-lo. Seu primeiro passo na resolução desse conflito é fornecer informações à família que possam ajudá-los. Informe à família todos os lugares possíveis nos quais devem procurar a lancheira: ela poderia ter sido colocada no lugar errado, deixada sobre a mesa do almoço, estar escondida sob os casacos? Em seguida, terá de reconhecer as emoções deles. Mostre que entende a frustração deles, especialmente quando acontece na correria do fim do dia. Por fim, deverá oferecer à família uma solução. Nessa situação, poderia se oferecer para procurar a lancheira depois, quando estivesse guardando os objetos usados na hora da soneca. No futuro, se a lancheira estiver faltando, terá tempo para procurá-la antes do fim do dia.

## Atividade 2.4 Definir suas habilidades de resolução de conflitos

Uma maneira de melhorar suas habilidades de resolução de conflitos é refletir e avaliar a forma como lidou com situações passadas. Às vezes, dizemos coisas no calor do momento que, do contrário, evitaríamos. Refletir sobre essas situações pode nos ajudar a aprender a fazer escolhas melhores da próxima vez que houver um conflito semelhante. Você também pode usar este exercício para iniciar uma discussão aberta sobre resolução de conflitos. Peça aos membros da equipe que compartilhem uma situação na qual eles acreditam que tenham resolvido um conflito com sucesso, ou que peçam conselhos sobre uma situação que poderia ter sido tratada de maneira diferente. Empregue essas experiências para aperfeiçoar as próprias habilidades.

| Habilidades de resolução de conflitos | | |
|---|---|---|
| Situação envolvendo um conflito | O que você fez para resolvê-lo | O que mais poderia ter sido feito? |
| 1. | | |
| 2. | | |
| 3. | | |

## Elemento negativo da comunicação nº 3: Descuido

Com tudo o que fazemos a cada dia, é compreensível que, às vezes, deixemos de dar atenção a determinada tarefa. No entanto, quando se trabalha com educação infantil, você é responsável não apenas pelo próprio bem-estar, mas também zela pelas crianças. Para ser um comunicador eficaz, é preciso ser organizado. Com várias crianças sob seus cuidados e muitas atividades diferentes ocorrendo regularmente, é necessário encontrar um sistema para comunicar com eficácia os acontecimentos às famílias. Métodos como boletins, quadros de avisos e outros comunicados sobre eventos serão discutidos nos capítulos 6 e 7. A mensagem principal não é qual método escolhido, mas sim o cuidado para manter a informação atualizada e de fácil acesso a todas as famílias. Pequenos descuidos podem se transformar em grandes mal-entendidos caso não esteja devidamente preparado para transmitir uma informação.

Em algumas situações, o descuido resulta em sentimentos de mágoa para a criança e sua família. Educadores devem estar conscientes de que quase todas as suas ações afetam as crianças. A falta de planejamento ou um mau julgamento acabará por ter consequências negativas para elas. Quando se tem tanta responsabilidade, é preciso garantir que todas as suas atividades sejam planejadas cuidadosamente. Alguns dos professores mais eficientes planejam as lições diárias com semanas de antecedência. Isso permite tempo suficiente para garantir que se tenha os materiais corretos em mãos e informar às famílias sobre qualquer preparação extra necessária por parte delas.

A cada comunicação, constrói-se também uma reputação. É por isso que é tão importante garantir que sua mensagem seja recebida e entendida pelo seu público. Ao se comunicar de forma *clara*, *coerente* e *cuidadosa*, está passando a imagem de um profissional confiável. É improvável que uma família deixe uma criança a seus cuidados se eles não se sentem à vontade com a maneira como você se comporta.

**QUANDO A COMUNICAÇÃO É INTERROMPIDA**

Uma professora utiliza comunicados nas caixas de correspondência dos alunos como método de informar às famílias quando ocorrerão eventos especiais em sua classe. Para terça-feira, foi planejado o Dia Especial do *Tie-Dye* (técnica de tingir tecidos) e todas as crianças precisavam trazer camisetas brancas de casa. A professora estava extremamente ocupada durante a semana anterior e não teve a oportunidade de colocar um bilhete sobre o evento programado nas caixas de correspondência das crianças até a segunda-feira, um dia antes do projeto. Uma criança faltou na segunda-feira e, portanto, a família não recebeu o aviso. Quando chegou a hora do projeto especial, a criança não tinha a camiseta necessária e a professora não havia trazido nenhuma camiseta extra. Embora não fosse sua culpa, a criança simplesmente teve de ver as outras crianças se divertirem durante o projeto. Ela não pode participar e se sentiu deixada de fora. A família, compreensivelmente, ficou chateada na hora da saída quando seu filho era a única criança a não exibir com orgulho uma criação *tie-dye*.

Sua credibilidade pode ser questionada se permitir que os elementos de *confronto*, *conflito* ou *descuido* estejam presentes em suas comunicações. Deve se esforçar para incorporar os três elementos positivos e eliminar os três negativos em todas as suas comunicações. Se tornar as interações positivas parte de sua rotina diária, fortalecerá sua relação com seus cinco públicos-alvo.

### COMUNICAÇÃO EFICAZ EM AÇÃO

Uma professora verifica em seu plano de aula que o Dia do *Tie-Dye*, uma das atividades favoritas das crianças, ocorrerá em duas semanas. As famílias já foram notificadas sobre isso no boletim mensal, mas ela sabe que essa informação pode ter sido ignorada por alguns. A professora coloca um bilhete na caixas de correspondência de cada criança uma semana antes da atividade. O bilhete pede que as crianças tragam uma camiseta branca para a escola e que venham para a aula com roupas velhas, caso derramem tinta além da camiseta. No dia anterior à atividade, a professora coloca um lembrete no quadro de avisos próximo à porta da sala de aula. Além disso, ela tenta lembrar pessoalmente cada família na hora da saída. Ela traz também várias camisetas extras para o caso de alguma das famílias esquecer-se de enviar uma camiseta para seu filho.

RESULTADO: A professora planejou com antecedência. Ela se comunicou com as famílias, utilizando vários métodos, e todas as crianças puderam participar, porque os pais estavam informados sobre a atividade.

## Relatório de progresso de comunicação

| Habilidade ou tarefa | Alcance das habilidades | | |
|---|---|---|---|
| | QUASE SEMPRE | HABILIDADES EMERGENTES | A MELHORAR |
| Posso identificar meus cinco públicos. | ☐ | ☐ | ☐ |
| Posso identificar os três elementos positivos da comunicação. | ☐ | ☐ | ☐ |
| Posso identificar os três elementos negativos da comunicação. | ☐ | ☐ | ☐ |
| As discussões com as famílias são claras e sem jargões. | ☐ | ☐ | ☐ |
| É concedido tempo para quaisquer dúvidas ou esclarecimentos que se façam necessários após a comunicação. | ☐ | ☐ | ☐ |
| As políticas e procedimentos da escola são implementados de forma consistente. | ☐ | ☐ | ☐ |
| A principal preocupação de todas as comunicações se concentra em torno do que é melhor para as crianças matriculadas na escola. | ☐ | ☐ | ☐ |
| É utilizada linguagem corporal adequada para demonstrar a importância de cada comunicação. | ☐ | ☐ | ☐ |
| Consigo controlar as emoções e manter o nível profissional de comunicação em situações difíceis. | ☐ | ☐ | ☐ |
| Posso aceitar opiniões diferentes das minhas próprias de forma imparcial. | ☐ | ☐ | ☐ |
| Todas as atividades são cuidadosamente planejadas e as famílias são plenamente avisadas com antecedência. | ☐ | ☐ | ☐ |

capítulo 3

# Habilidades essenciais de comunicação na formação dos professores e demais funcionários

## Pontos-chave:

- Como elaborar um manual do funcionário que apresente a escola de educação infantil de forma eficaz para os novos funcionários.
- Como avaliar, revisar e dar um retorno a seus funcionários de forma ideal.
- Como realizar reuniões adequadas com a equipe.

Sua equipe apresenta extrema influência no sucesso de sua escola de educação infantil. As famílias podem associar o professor de seu filho com a escola e, por isso, é muito importante que a associação seja positiva. O processo de formação de seus professores e funcionários deve ser contínuo e estar em constante evolução. Os membros da sua equipe são tão especiais quanto as crianças matriculadas. Para que sua escola funcione de forma tranquila e harmoniosa, é necessário aproveitar as experiências e talentos individuais que cada um de seus professores tem a oferecer.

Começar um novo emprego é emocionante, mas às vezes pode ser assustador. Um manual do funcionário é uma ferramenta útil para ajudar novos colaboradores a se familiarizar com a escola e o que se espera deles em sua nova posição. O manual do funcionário deve explicar políticas e benefícios, bem como oportunidades e responsabilidades específicas. Ele pode ser dividido em cinco seções separadas: Operações gerais; No local de trabalho; Políticas da escola; Benefícios; e Afastamento do trabalho.

## Operações gerais[1]

A primeira seção do seu manual do funcionário deve abordar **operações gerais** e incluir resumos de alguns dos direitos legais de seus colaboradores. É importante esclarecer desde o início que o manual do funcionário é apenas para fins informativos e não pode ser visto como um contrato. Nos Estados Unidos, a maioria das escolas adere à política do emprego por vontade própria, que permite que a empresa ou o trabalhador encerre a relação trabalhista a qualquer momento, por qualquer motivo. Se sua escola emprega essa política, você deve ter uma declaração informando esse aspecto no manual do funcionário. Você deve informar também que, embora o manual do funcionário resuma os planos de benefícios atuais, ele não garante a manutenção de tais benefícios.

A seção Operações gerais também deve conter informações sobre a adoção por parte da escola de iguais oportunidades de emprego. Se sua escola tiver 15 ou mais funcionários em tempo integral, de acordo com a lei federal, ela deve estar em conformidade com o Título VII do Civil Rights Act (Lei de Direitos Civis) de 1964, que proíbe a discriminação étnico-racial, religião, sexo ou nacionalidade, e com o Título I do Americans with Disabilities Act – ADA (Leis dos Norte-americanos Portadores de Deficiência) de 1990, que proíbe a discriminação de pessoas qualificadas com deficiência para uma vaga de emprego. Se sua escola emprega vinte ou mais pessoas, você também deve estar em conformidade com o Age Discrimination in Employment Act – ADEA (Lei contra a Discriminação Etária no Trabalho) de 1967, que proíbe a discriminação contra pessoas com 40 anos ou mais. O número de funcionários inclui os membros da equipe que trabalham em tempo integral ou parcial, bem como funcionários temporários. Todas as empresas com um ou mais funcionários devem obedecer ao Equal Pay Act – EPA (Lei de

---

[1] No Brasil, no que se refere às questões trabalhistas, deve-se observar o Decreto-Lei n. 5.452, de 1º de maio de 1943, que aprova a Consolidação das Leis do Trabalho. Deve-se, ainda, consultar a legislação municipal relativa a escolas de Educação Infantil. (NRT)

Igualdade Salarial) de 1963, que proíbe a discriminação salarial entre homens e mulheres em cargos substancialmente iguais no mesmo estabelecimento. Se essas leis aplicam-se a seu estabelecimento, é importante incluir essa informação no seu manual com declarações assegurando sua conformidade com tais regulamentações federais.[2]

A U.S. Equal Employment Opportunity Commission – EEOC (Comissão Norte--Americana para Igualdade de Oportunidade de Emprego) deve ser consultada sobre qualquer dúvida que surja sobre a aplicabilidade dessas leis em sua escola. A EEOC criou um departamento especial para atender aos proprietários de pequenas empresas. Você pode acessar essas informações no site <www.eeoc.gov>. A EEOC também oferece workshops sob medida para proprietários de pequenas empresas que não têm condições de ter um departamento de recursos humanos especializado para lidar com as questões jurídicas em torno da relação empregador-empregado.

## No local de trabalho

A seção seguinte de seu manual deve abordar o que seus funcionários devem esperar quando se encontram no local de trabalho. Como a escola está em contínuo crescimento, essa seção será desenvolvida com base em suas experiências, abordando questões que possam surgir no decorrer de um dia normal de trabalho. A seguir, sugerimos algumas questões que devem ser levadas em consideração nessa seção:

- período de experiência;
- treinamento de novos professores e funcionários;
- sugestões e ideias dos professores e funcionários;
- comunicação com a administração;
- registro do horário de trabalho;
- pagamentos;
- avaliações de desempenho;
- promoções e aumentos salariais;
- definição da jornada de trabalho;
- intervalos para refeição;
- horário de planejamento;
- chamadas telefônicas pessoais.

PERÍODO DE EXPERIÊNCIA. Sua escola tem um período definido no qual tanto os funcionários como os empregadores possam avaliar se a escolha foi adequada? Muitas escolas têm um período de experiência de três meses, que é encerrado com uma avaliação.

---

[2] Veja, para o Brasil, as seguintes leis: n. 7.716, que define sobre os Crimes Resultantes de Preconceitos de Raça ou de Cor, em: http://www81.dataprev.gov.br/sislex/paginas/42/1989/7716.htm; e também a Lei n. 12.288, de 20 de julho de 2010, no endereço: http://www.planalto.gov.br/ccivil_03/_Ato2007-2010/2010/Lei/L12288.htm. Para o Programa Nacional de Direitos Humanos, veja o decreto n. 1.904, de 13 de maio de 1996, no endereço: http://www.pge.sp.gov.br/centrodeestudos/bibliotecavirtual/dh/volume%20i/pndhlei1904.htm. Sobre discriminações trabalhistas, veja Procuradoria Regional do Trabalho: http://www.prt7.mpt.gov.br/atuacao_discriminacao.htm; e o Guia Trabalhista, no endereço: http://www.guiatrabalhista.com.br/guia/discriminacao.htm. (NE)

## Modelo de lista de verificação para o treinamento de novos professores

Nome: _____  Funcionário nº: _____

Cargo: _____  Data de início: _____

| Item | Rubrica do funcionário e data | Rubrica do supervisor e data |
|---|---|---|
| Filosofia da escola | | |
| Conhecendo o ambiente da escola | | |
| **Localização de:** | | |
| Caixa de primeiros socorros | | |
| Esquemas de evacuação em caso de incêndio | | |
| Banheiros dos funcionários e das crianças | | |
| Depósito dos funcionários | | |
| Relógio de ponto/Registro de ponto | | |
| Quadro de aviso dos funcionários | | |
| Caixa de correspondência dos funcionários | | |
| Cozinha/Procedimentos de cozimento | | |
| Onde estacionar | | |
| Obras de referência | | |
| Livros de currículo e arquivos | | |
| Equipamentos | | |
| **Registrar e ler:** | | |
| Descrição da função | | |
| Políticas de equipe | | |
| Manual dos pais/Funcionários | | |
| Política de confidencialidade | | |
| Uniforme de trabalho | | |
| **Revisado:** | | |
| Avaliações de saúde | | |
| Controle de infecções | | |
| Lavar as mãos | | |
| Manter registros de presença | | |
| Livro de ponto | | |
| Política de disciplina | | |
| Parque e procedimentos de segurança | | |
| Alarme de incêndio/Evacuação | | |
| Primeiros socorros/Procedimento em caso de acidentes | | |
| Política de medicação | | |
| Procedimento para relatar abuso infantil | | |
| Gerenciamento de classe | | |
| Caixa de correspondência/armários | | |
| Quadro de avisos | | |
| Programação do cardápio | | |
| Procedimentos para a hora do descanso | | |
| Hora livre | | |
| Calendário | | |
| Quadro de informações para os pais | | |
| Procedimento para passeios e roupas | | |
| Eventos especiais | | |
| Próximas atrações/Planos de aula | | |
| Biografia dos funcionários | | |
| Página de recibo do manual | | |
| Dia de pagamento/Horas/Intervalos | | |
| Descanso/Benefícios | | |
| **Concluído:** | | |
| Formulário para funcionário novo | | |

Habilidades essenciais de comunicação na formação dos professores e demais funcionários 33

TREINAMENTO DE NOVOS PROFESSORES E FUNCIONÁRIOS. Que tipo de treinamento formal sua escola oferece? No mínimo, deve-se exigir dos funcionários que leiam o manual e assinem uma declaração afirmando que o leram e compreendem as instruções ali contidas. Pode ser útil a elaboração de uma lista de verificação para documentar formalmente o treinamento.

**Atividade 3.1** Elaboração de uma lista de verificação para o treinamento de novos professores

Personalize o modelo fornecido a seguir para criar uma lista de verificação de treinamento que atenda às necessidades de sua escola.

SUGESTÕES E IDEIAS DOS PROFESSORES E FUNCIONÁRIOS. Sua escola tem um procedimento para aceitar as sugestões de seus funcionários? Existe uma caixa de sugestões ou uma reunião regular para recebê-las? Mesmo se não for possível pôr todas as ideias em prática, a maioria dos professores e funcionários gosta de ter uma forma de expressar suas opiniões.

COMUNICAÇÃO COM A ADMINISTRAÇÃO. Como os funcionários podem expressar seus problemas, dúvidas ou reclamações? O acúmulo de questões não expostas ou não respondidas pode ser prejudicial para a relação de trabalho. A administração da sua escola tem uma política de porta aberta? Uma política de porta aberta permite que seus funcionários saibam que todas as questões de conflito devem ser imediatamente levadas ao conhecimento do supervisor apropriado para a discussão.

REGISTRO DO HORÁRIO DE TRABALHO. Você tem um sistema formal para a manutenção de um registro preciso das horas trabalhadas? Os empregados são obrigados a manter esses registros ou eles serão mantidos pela administração da escola?

PAGAMENTOS. Quando os funcionários podem esperar seus pagamentos (semanal ou quinzenalmente)? Quando a data de pagamento coincidir com um feriado, os funcionários devem esperar pelo salário no último dia útil antes do feriado ou no primeiro dia útil após o feriado?

AVALIAÇÕES DE DESEMPENHO. Com que frequência os funcionários devem esperar por uma avaliação formal? O que essa avaliação envolve? Diferentes tipos de análises e outras avaliações dos funcionários serão discutidos em detalhes ainda neste capítulo.

PROMOÇÕES E AUMENTOS SALARIAIS. Sua escola busca promover qualificação para os funcionários atuais para novas posições ou vagas? Os aumentos salariais são garantidos numa base anual ou são dependentes do desempenho? A rentabilidade da empresa tem efeito sobre os aumentos salariais?

DEFINIÇÃO DA JORNADA DE TRABALHO. Qual é o horário de expediente normal da escola? Seus funcionários trabalham em horário alternado ou fixo? Serão obrigados a trabalhar fins de semana ou à noite? Serão necessárias horas extras? Em caso afirmativo, essas horas devem ser aprovadas por um supervisor com antecedência?

INTERVALOS PARA REFEIÇÃO. Quanto tempo será concedido a cada funcionário para as refeições? Esse tempo será pago ou não? Você deve verificar as leis trabalhistas para garantir que sua escola esteja em conformidade com elas.

**HORÁRIO DE PLANEJAMENTO.** Seus funcionários terão horário disponível para planejamento todas as semanas? Em caso afirmativo, como será programado e será necessário que os funcionários permaneçam na escola?

**CHAMADAS TELEFÔNICAS PESSOAIS.** É permitido o uso do telefone da escola pelos funcionários? Como as mensagens serão transmitidas aos membros da equipe? Os funcionários são informados de imediato sobre emergências pessoais? Em sua escola, é permitido que os funcionários façam ou recebam telefonemas enquanto estão em sala de aula?

## Políticas da escola

Além dos procedimentos diários abordados na seção No local de trabalho do manual do funcionário, será necessário também informar aos novos membros de sua equipe quanto às diretrizes gerais que dizem respeito à conduta deles na escola. Na seção intitulada Políticas da escola, é necessário fornecer algumas informações básicas sobre os princípios éticos com os quais se espera que sigam como representantes da instituição. Essa seção deve abranger:

- confidencialidade das questões familiares;
- cuidados com os registros das crianças;
- assiduidade e pontualidade;
- normas de conduta;
- cuidados com os equipamentos;
- uniformes de trabalho;
- emprego extra;
- abuso de substâncias.

**CONFIDENCIALIDADE DAS QUESTÕES FAMILIARES.** Como educador, muitas famílias conversam sobre diversos pontos referentes à vida deles. Para manter uma postura profissional, é preciso garantir que sua equipe mantenha sigilo sobre quaisquer informações pessoais às quais possam ter acesso. Você pode conscientizar os funcionários quanto a essa responsabilidade, incluindo uma declaração no manual do funcionário que enfatize a necessidade de confidencialidade, prevendo medidas disciplinares, caso essa confidencialidade seja violada. Apresentamos um exemplo de declaração de confidencialidade geral:

> A ética profissional exige que todos os funcionários mantenham o mais alto grau de confidencialidade ao tratar questões relacionadas às famílias e às crianças. Para manter essa confiança profissional, nenhum funcionário deve divulgar informações referentes à família ou às crianças a terceiros. A violação dessa norma resultará em ação disciplinar, incluindo até demissão.

**CUIDADOS COM OS REGISTROS DAS CRIANÇAS.** A impressão que as famílias têm de sua escola baseia-se, em parte, no modo como se cuida dos registros. Escolas de educação infantil descuidadas com arquivos e registros passam às famílias a impressão de que a mesma atitude pode ser direcionada ao cuidado com seus filhos em sala de aula. É dever profissional dos membros de sua equipe respeitar a confiança neles depositada, garantindo que os arquivos das crianças sejam tratados com cuidado. Quando possível, os funcionários devem consultar o material no arquivo e tomar notas, em vez de retirá-lo no local. É procedimento-padrão na maioria das escolas proibirem a remoção de registros ou arquivos de suas instalações.

**ASSIDUIDADE E PONTUALIDADE.** A escola funciona corretamente somente quando os funcionários são capazes de trabalhar como uma equipe coesa, o que requer que cada pessoa esteja no lugar certo na hora certa. Como os funcionários devem informar à escola que vão se atrasar ou faltar ao trabalho? Há um número máximo de dias que um funcionário pode faltar ao serviço sem a devida notificação à instituição antes de ser considerado abandono de emprego? Qual é a medida disciplinar no caso de funcionários que estão sempre atrasados ou ausentes?

**NORMAS DE CONDUTA.** Cada funcionário tem a obrigação de observar e seguir as políticas da escola. Normas adequadas de conduta devem ser mantidas em todos os momentos. Ações disciplinares corretivas devem ser tomadas caso o comportamento de um indivíduo interfira no funcionamento adequado e eficiente da instituição. É necessário descrever a hierarquia das ações disciplinares. A progressão típica é: advertência verbal, advertência por escrito, suspensão sem pagamento e demissão. No entanto, poderá ser observado nessa seção que uma forma de ação não precede, necessariamente, a outra. É importante também fornecer uma lista de ações que podem resultar em procedimentos disciplinares, incluindo demissão. Como exemplo, apresentamos uma lista-padrão, mas não completa, de ações que requerem intervenção disciplinar:

1. maus-tratos infantis, físicos ou verbais;
2. pôr as crianças em perigo;
3. violação das políticas ou regras de segurança da escola;
4. tratamento abusivo ou imprudente de colegas, familiares ou visitantes;
5. insubordinação, ou seja, a recusa em executar o trabalho atribuído ou seguir as instruções;
6. problemas de assiduidade;
7. posse, uso ou venda de álcool ou substância controlada nas instalações da escola ou durante as horas de trabalho;
8. posse, uso ou venda de armas sem autorização, incluindo armas de fogo ou explosivos, em locais de trabalho;
9. roubo ou desonestidade;
10. assédio físico, assédio sexual ou desrespeito com os colegas, visitantes ou outros membros do público;
11. desempenho fraco;
12. dormir durante o horário de trabalho.

**CUIDADO COM OS EQUIPAMENTOS.** Foi investido muito para fornecer os equipamentos necessários para a escola funcionar. Sua equipe pode ajudá-lo a minimizar o desgaste, garantindo o cuidado adequado sempre que os equipamentos forem utilizados. Todo equipamento perdido ou quebrado deve ser comunicado a um supervisor, e equipamentos de propriedade não devem ser removidos de suas instalações.

UNIFORME DE TRABALHO. Para manter uma aparência profissional, é possível considerar a elaboração de uma política de vestuário. Um indivíduo devidamente uniformizado ajuda a criar uma imagem favorável à escola. Independentemente se um membro da equipe tenha ou não contato direto com as famílias, cada funcionário representa sua escola na forma como se apresenta e como age. Ao elaborar sua política de vestuário, é possível levar em consideração também um traje mais despojado que o típico exigido por outros ambientes profissionais, dada a natureza física do trabalho.

EMPREGO EXTRA. Alguns de seus funcionários podem achar necessário buscar um emprego extra, fora da escola de educação infantil. É importante que esse emprego não entre em conflito com as responsabilidades do funcionário na escola. É possível considerar pedir à sua equipe que notifique a administração da escola, por escrito, caso opte por aceitar outro trabalho. Geralmente, não é aconselhável para qualquer membro da equipe prestar serviços também para um concorrente.

ABUSO DE SUBSTÂNCIAS. A responsabilidade de cuidar de crianças é uma função que exige clareza absoluta da mente. Assim, muitas escolas acham importante ter uma abordagem sem exceções quanto ao uso de substâncias psicoativas enquanto o funcionário estiver em serviço ou nas instalações da escola. A plena conformidade com a política de abuso dessas substâncias deve ser uma condição para a contratação e continuidade no emprego.

## Benefícios

A quarta seção do manual deve oferecer a seus funcionários informações sobre os **benefícios** oferecidos por sua escola. Pode ser necessário tratar detalhes específicos sobre os planos de benefícios em documentos independentes, pois eles podem variar de ano para ano. No entanto, uma visão geral sobre os tipos de benefícios disponíveis é útil aos novos funcionários. O tipo de benefícios que sua escola oferece dependerá do tamanho do seu quadro de funcionários, mas essa seção normalmente abrange:

- feriados;
- férias;
- dias por doença/pessoais;
- convênio médico;
- extensão da cobertura do convênio médico;
- fundo de aposentadoria;
- indenização por acidente de trabalho;
- plano de bônus;
- desenvolvimento profissional.

**FERIADOS.** Quantos feriados são observados por sua escola anualmente? Não é aconselhável mencionar dias específicos, pois podem variar dependendo do ano. Quando os funcionários de tempo integral podem desfrutar de feriados remunerados (a partir da contratação ou após o término do período de experiência)? Os funcionários de tempo parcial têm direito a feriados remunerados? É permitido aos funcionários tirarem um dia de férias um dia antes ou depois de um feriado?

**FÉRIAS.** Quantos dias de férias remuneradas são concedidos por ano? Quando os funcionários estão aptos a desfrutar de férias remuneradas? O número de dias de férias remuneradas aumenta de acordo com as datas de aniversário anual da contratação? Como os funcionários devem comunicar à administração sobre os dias que pretendem tirar férias? Dias de férias não utilizados podem ser transferidos para o próximo ano? Mediante rescisão contratual voluntária ou involuntária, os funcionários serão pagos por qualquer período de férias adquirido, mas não utilizado?

**DIAS POR MOTIVO DE DOENÇA OU PESSOAL.** Quantos dias, por ano, são permitidos ao funcionário faltar por motivo de doença ou assuntos pessoais? Como os funcionários devem comunicar à administração sobre os dias que pretendem tirar por motivos pessoais? Dias destinados a motivo de doença ou pessoal não utilizados podem ser transferidos para o próximo ano? Mediante rescisão contratual voluntária ou involuntária, os funcionários serão pagos por quaisquer dias concedidos por motivo de doença ou pessoal, mas não utilizados?

**CONVÊNIO MÉDICO.** É oferecido convênio médico como benefício a seus funcionários? A escola de educação infantil prestará assistência aos funcionários arcando com uma parcela do custo ou com um convênio coparticipativo? Quem está apto a participar do plano? Detalhes específicos do plano não devem ser discutidos no manual, uma vez que essa informação pode mudar anualmente. Livretos ou folhetos de informação separados devem ser fornecidos pela seguradora como um complemento às informações fornecidas no manual.

**CONSOLIDATED OMNIBUS BUDGET RECONCILIATION ACT (COBRA – LEI DE EXTENSÃO DE BENEFÍCIOS PARA ADAPTAÇÃO ORÇAMENTÁRIA).** De acordo a lei federal dos Estados Unidos, a maioria dos empregadores que oferece seguro médico ou odontológico de grupo são obrigados a propor a possibilidade de uma prorrogação temporária nos casos em que, de outra forma, a cobertura seja encerrada. Conforme a Cobra, funcionários que, normalmente, perderiam seu convênio em virtude da redução da carga horária ou rescisão contratual podem optar por manter a cobertura por um período de até 36 meses. O funcionário que optar pelo convênio conforme previsto na lei Cobra é responsável pelo pagamento das mensalidades do seguro de acordo com a tarifa de grupo.[3]

**FUNDO DE CONTRIBUIÇÃO PARA APOSENTADORIA.** Sua escola mantém um fundo de contribuição para aposentadoria ou algum outro plano de aposentadoria? Quem está apto a participar desse plano? Os detalhes do plano não devem ser incluídos no manual do funcionário, mas sim fornecidos como material complementar.

---

[3] Veja o site da Agência Nacional de Saúde Suplementar (ANS), Regulamentação dos artigos 30 e 31 da Lei n. 9.656/98, no endereço: http://www.ans.gov.br/index.php/a-ans/sala-de-noticias-ans/participacao-da-sociedade/382-regulamentacao-dos-artigos-30-e-31=da-lei-no-965698. (NE)

INDENIZAÇÃO POR ACIDENTE DE TRABALHO. Lesões no local de trabalho devem ser cobertas por uma apólice de seguro que preveja indenização por acidente de trabalho. Essas lesões não devem ser tratadas pelo convênio médico. É importante que os funcionários e professores saibam que são responsáveis por comunicar todas as lesões, por menores que sejam, imediatamente a seu supervisor.

PLANO DE BÔNUS. Sua escola oferece um plano de bônus por mérito? Quem está apto a receber esse plano e como é determinado o mérito? Existem outros fatores, como a rentabilidade, que podem afetar a determinação do bônus?

DESENVOLVIMENTO PROFISSIONAL. Um dos benefícios mais importantes que pode ser oferecido a seus funcionários é a oportunidade de continuar o desenvolvimento de suas habilidades. Há uma diversidade de programas de formação continuada voltados para o profissional da área de educação infantil. Sua escola reembolsará os professores e demais funcionários pelo custo com a formação profissional continuada?

## Afastamento do trabalho

A vida pode ser imprevisível, mas, como profissional da educação infantil, é necessário ter um plano para lidar com o inesperado. Na seção Afastamento do trabalho, deixe os funcionários cientes do que podem esperar se julgarem necessário solicitar uma ausência prolongada de suas funções. As seguintes situações devem ser abordadas: atuar como jurado no Tribunal do Júri, luto, licença, gravidez e intempéries. É provável que existam leis estaduais, federais e municipais que regem algumas dessas situações. É aconselhável que um advogado revise seu manual antes da impressão para garantir que esteja em conformidade com todas as questões jurídicas.

Você deve dar a seu novo funcionário tempo suficiente para ler o manual e esclarecer quaisquer dúvidas. O manual do funcionário deve tratar apenas de questões gerais da empresa. Será necessário também fornecer informações mais específicas e treinamento relacionados com a descrição real da função do novo funcionário. É interessante elaborar uma descrição detalhada da função para cada cargo em sua escola, que deve ser repassada com o novo funcionário durante o período de treinamento. É preciso garantir que o novo funcionário entenda cada linha da descrição da função e o que será esperado. Ao comunicar suas expectativas logo no início, é menos provável se deparar com alguma confusão ou frustração posteriormente. Deve-se ter certeza de incorporar os três elementos positivos (*clareza, consistência e cuidado*) em suas descrições de função, que também podem ser modificadas quando utilizadas durante as avaliações. Caso tenha discutido exaustivamente suas expectativas com o novo funcionário, não deve haver surpresas durante a revisão, quando a avaliação será realizada nos mesmos parâmetros.

**Atividade 3.2** Elaboração de uma descrição para a função de professor

Personalize o modelo disponível a seguir para elaborar uma descrição de função abrangente para novos professores.

## Modelo de descrição de função para o cargo de professor

**Função básica**

Proporcionar um ambiente aconchegante, estimulante, seguro e afetuoso para os alunos [da escola], ao mesmo tempo que os orienta por meio de atividades adequadas a cada idade para promover autoestima e amor pela descoberta e aprendizagem.

**A. Competências/habilidades para a etapa educacional**

1. Pensar de forma rápida e lógica em condições normais e sob pressão.
2. Compreender todas as fases das tarefas que lhe são atribuídas e concluí-las com pouca supervisão.
3. Estar bem preparado para a aula e preparar os materiais com antecedência.
4. _____
5. _____
6. _____
7. _____
8. _____
9. _____
10. _____

**B. Interação com as crianças e habilidades educacionais**

1. Usar uma série de estratégias de ensino para melhorar a aprendizagem e o desenvolvimento das crianças.
2. Interagir com as crianças e incentivar sua participação nas atividades.
3. Demonstrar criatividade e desenvoltura no planejamento de atividades adequadas à idade dos alunos.
4. _____
5. _____
6. _____
7. _____
8. _____
9. _____
10. _____

**C. Interação com os pais**

1. Estabelecer e manter uma boa comunicação diária com os pais, abordando-os de forma positiva e educada.
2. Permanecer sensível às necessidades dos pais.
3. Apoiar as diferenças culturais e evitar favoritismo.
4. _____
5. _____
6. _____
7. _____
8. _____

**Modelo de descrição de função para o cargo de professor (*continuação*)**

9. _____

10. _____

**D. Interação com os funcionários**

1. Auxiliar os demais, quando o tempo permitir.

2. Buscar novas e melhores formas de realizar suas tarefas.

3. Mostrar flexibilidade, mudando os planos para cumprir prazos.

4. _____

5. _____

6. _____

7 _____

8. _____

9. _____

10. _____

**Habilidades:** Habilidades verbal e de escrita bem desenvolvidas

Conhecimento do desenvolvimento infantil

Compreensão das relações e interações adequadas entre professor-aluno e professor-família

Diplomacia

Organização e planejamento

Alto grau de profissionalismo

Habilidades físicas necessárias para realizar suas funções

**Formação/Treinamento:** Formação em nível médio, na modalidade Normal, ou superior, para docência na Educação Infantil.

**Experiência:** Deseja-se experiência anterior como professor.

**Relatórios da função para:** Coordenador pedagógico.

Quando uma função envolve tanto trabalho prático como ser professor, há muita coisa que pode ser descrita em um relatório. Educar crianças é definitivamente uma responsabilidade em que o melhor aprendizado está na prática. É recomendável dar aos novos funcionários a oportunidade de "acompanharem" professores atuais. Dependendo de quanto tempo haja disponível antes de o novo funcionário assumir as próprias responsabilidades, esse acompanhamento de outros profissionais pode durar de algumas horas até uma semana. Se o tempo permitir, é útil que o novo membro da equipe acompanhe várias pessoas diferentes, mesmo aqueles com funções diferentes da dele. Uma equipe funciona melhor quando todos entendem e respeitam os papéis de todos os membros da equipe.

É responsabilidade do diretor da escola apresentar o novo funcionário à equipe atual. Se você não estiver disponível, deve atribuir essa responsabilidade a um membro mais antigo da equipe. Alguns funcionários novos têm dificuldade para se apresentar aos demais, portanto, é necessário tornar essa transição menos penosa, facilitando as apresentações. É importante que seus novos funcionários se sintam à vontade na escola.

Após o novo funcionário ter assumido totalmente todas as suas responsabilidades, você deve continuar disponível para esclarecer dúvidas e fornecer orientações. É comum que surjam situações ainda não discutidas durante o período de experiência. Se sua equipe estiver insegura sobre como lidar com uma situação, eles devem sentir que podem procurar um professor mais antigo da escola para obter orientação. Se a escola tiver uma política de porta aberta, ela deve ser enfatizada durante o período de treinamento. É muito mais fácil responder a certa pergunta do que corrigir uma situação manejada de forma incorreta. Também é uma boa alternativa conversar periodicamente com seus novos funcionários para verificar como eles acham que estão se ajustando à nova posição. Mantenha as linhas de comunicação abertas para que pequenos mal-entendidos não se transformem em bolas de neve.

A maioria das escolas utiliza algum tipo de processo de avaliação formal. Esse procedimento deve ser descrito em seu manual para que seus funcionários saibam com que frequência podem esperar um retorno quanto ao desempenho. O processo de avaliação deve ser estruturado de forma que sirva como uma oportunidade de aprendizado em vez de ser simplesmente uma lista de acertos e erros durante o período de observação anterior. Se elaborar uma descrição abrangente da função (ver Atividade 3.2), poderá adaptar o mesmo documento para que seja empregado na avaliação de desempenho.

**Atividade 3.3** Elaboração de uma avaliação de desempenho de professor

Personalize o modelo disponível a seguir para elaborar uma avaliação de desempenho abrangente para seus professores. Os itens de avaliação devem ser os mesmos presentes na descrição da função. Não se pode avaliar o funcionário de forma justa em tarefas pelas quais não sabiam ser responsáveis.

## Modelo de avaliação de desempenho para professores

---

**Função básica**

Servir como ferramenta útil para avaliar o desempenho no trabalho.

Seu desempenho será avaliado em uma escala de 1 a 5.

1 = desempenho ruim, raramente atende às expectativas

2 = desempenho médio, às vezes não atende às expectativas

3 = bom desempenho, atende todas as expectativas

4 = excelente desempenho, por vezes supera as expectativas

5 = desempenho exemplar, sempre supera as expectativas

Nome do funcionário: _____

Data: _____

---

## Modelo de avaliação de desempenho para professores (*continuação*)

**A. Competências/habilidades para a etapa educacional**

1. Pensar de forma rápida e lógica em condições normais e sob pressão.
2. Compreender todas as fases das tarefas que lhe são atribuídas e concluí-las com pouca supervisão.
3. Estar bem preparado para a aula e organizar os materiais com antecedência.
4. _____
5. _____
6. _____
7. _____

**B. Interação com as crianças e habilidades educacionais**

1. Empregar uma série de estratégias de ensino para melhorar a aprendizagem e o desenvolvimento das crianças.
2. Interagir com as crianças e incentivar sua participação nas atividades.
3. Demonstrar criatividade e desenvoltura no planejamento de atividades adequadas à idade dos alunos.
4. _____
5. _____
6. _____
7. _____

**C. Interação com os pais**

1. Estabelecer e manter uma boa comunicação diária com os pais, abordando-os de forma positiva e educada.
2. Permanecer sensível às necessidades dos pais.
3. Apoiar as diferenças culturais e evitar favoritismo.
4. _____
5. _____
6. _____
7. _____

**D. Interação com os funcionários**

1. Auxiliar os demais, quando o tempo permitir.
2. Buscar novas e melhores formas de realizar suas tarefas.
3. Mostrar flexibilidade, mudando os planos para cumprir prazos.
4. _____
5. _____
6. _____
7. _____

| | |
|---|---|
| Avaliação de desempenho exemplar | 300-270 pontos = 8% de aumento |
| Avaliação de desempenho excelente | 269-240 pontos = 5% de aumento |
| Classificação desempenho boa | 239-180 pontos = 4% de aumento |
| Avaliação de desempenho média | 179-120 pontos = 3% de aumento |
| Desempenho inaceitável | Menos de 120 pontos |

## Modelo de avaliação de desempenho para professores (*continuação*)

Comentários adicionais do funcionário:

_____

_____

Comentários adicionais do supervisor:

_____

_____

_____            _____

Assinatura do funcionário               Assinatura do supervisor

A avaliação deve ser preenchida por um funcionário mais experiente que tenha contato regular e direto com o funcionário avaliado. Pode ser difícil que os funcionários valorizem uma avaliação realizada por um indivíduo com quem têm pouco relacionamento. O administrador deve preencher a avaliação com base no desempenho geral do funcionário, ou seja, um evento isolado não deve dominar toda a análise. Embora seja muito mais fácil falar que fazer, as avaliações não devem apresentar opiniões pessoais ou atitudes. É responsabilidade do administrador avaliar o funcionário com base nas interações observadas com as crianças, as famílias e os outros membros da equipe, além da própria experiência com o funcionário. É da natureza humana ficar nervoso quando se sabe que suas ações estão sendo avaliadas e, ciente desse aspecto, para obter uma imagem clara do desempenho diário do funcionário, o administrador deve se esforçar para realizar avaliações da forma menos invasiva possível.

As avaliações são de extrema importância tanto para a escola como para seus funcionários de modo que devem ser agendadas como qualquer outra reunião importante. Marque o horário com antecedência para que o funcionário e o administrador possam sentar e rever a avaliação juntos. Considerando-se que serão discutidas informações confidenciais, o local da reunião deve ser tranquilo e privado. Certifique-se de agendar tempo de sobra, pois o funcionário provavelmente terá perguntas a fazer. Ao comunicar a avaliação de desempenho ao funcionário, é necessário evitar os três elementos negativos da comunicação (confronto, conflito e descuido). A reunião e o documento de avaliação devem ser estruturados de modo que o ambiente seja de aprendizado, não de crítica. Se um membro da equipe recebe uma avaliação de baixo desempenho, esteja preparado para justificar a pontuação com exemplos específicos e dar conselhos construtivos sobre como essa parte pode ser melhorada no futuro. Pode haver alguma questão que é entendida de forma diferente por você e o funcionário avaliado. Nesse caso, o funcionário deve ter meios de contestar o item em conflito. No modelo fornecido na Atividade 3.3, existe um espaço para comentários do funcionário, em que podem acrescentar sua justificativa para os resultados da avaliação, caso se sintam injustamente avaliados.

Se ocorrer uma violação grave das políticas da escola, a questão deve ser resolvida imediatamente. Levando-se em conta a gravidade, o incidente deve ser abordado mediante uma advertência verbal ou por escrito, conforme as normas de conduta da seção Políticas da escola. Advertências verbais devem ser discutidas de forma calma e sem confrontos. A reunião deve ocorrer em local tranquilo e privado, onde ambas as partes possam rever a situação. Por respeito a seus funcionários, qualquer pessoa que não esteja diretamente envolvida na situação não deve ser informada quanto à advertência verbal. Todo mundo comete erros e os membros de sua equipe devem ter a oportunidade de corrigir suas ações sem estarem sujeitos ao escrutínio adicional dos demais funcionários.

Todas as violações graves de conduta, especialmente se a segurança das crianças for comprometida, devem ser documentadas por uma advertência por escrito. Se, por fim, o funcionário for demitido, a documentação por escrito ajudará a protegê-lo e à escola no caso improvável de processo por parte do funcionário. Caso não tenha testemunhado o incidente em questão diretamente, é importante obter o máximo de informações possíveis de todas as partes envolvidas. Antes de documentar a situação no papel, é sua responsabilidade ter ideia clara do que realmente aconteceu. Uma reunião deve ser marcada para discutir a situação e fornecer ao funcionário a advertência por escrito. A advertência deve ser estruturada de forma que fique claro para o funcionário qual evento a originou. O funcionário também deve entender por que o comportamento é inaceitável na escola, como a instituição recomenda que as ações sejam corrigidas e as consequências de negligenciar as recomendações. Além disso, a advertência por escrito deverá indicar o período no qual o funcionário deve executar um plano da ação corretiva. É importante que seja coerente ao emitir advertências verbais ou por escrito. Uma ação que resulta em uma advertência verbal de um funcionário não deve resultar em uma advertência por escrito para outro.

Já que há várias oportunidades para avaliar a equipe, é interessante permitir aos funcionários a mesma oportunidade de avaliar a administração da escola. A conclusão de uma pesquisa anônima pode oferecer algumas respostas francas sobre a satisfação com o trabalho de seus empregados. A rotatividade pode ser alta na área da educação infantil. O treinamento adequado dos novos funcionários exige certo tempo, e suas famílias podem se sentir incomodadas com as mudanças constantes na sala de aula de seus filhos. A vantagem de reter funcionários de alto desempenho é sua. Ao permitir que sua equipe avalie a administração, você oferece um modo de expressar quaisquer frustrações que, de outra forma, não seriam capazes de comunicar. A avaliação também pode servir como experiência de aprendizado para sua administração, permitindo que veja como as técnicas de comunicação e gerenciamento são recebidas por seus funcionários.

Muitas vezes, as avaliações de desempenho carregam uma conotação negativa. Seus funcionários merecem ser reconhecidos pelas suas contribuições positivas à escola, o que pode ser facilitado por meio de uma pesquisa com as famílias para reconhecer um trabalho bem-feito. É incrível como um simples bilhete de agradecimento pode realmente alegrar o dia de alguém. Educar crianças é um trabalho emocional e fisicamente exigente, por isso é importante para a equipe saber que seus esforços são reconhecidos e apreciados. As pessoas precisam se sentir valorizadas para continuar realizando um bom trabalho.

## Atividade 3.4 Elaboração de um modelo de avaliação de *feedback* dos funcionários

Personalize o modelo disponível a seguir para elaborar uma avaliação que os membros de sua equipe possam utilizar para expressar suas opiniões sobre a administração da escola. Uma vez que seus funcionários comentarão sobre seus supervisores, o formulário deve ser preenchido de forma voluntária e anônima.

## Atividade 3.5 Elaboração de um modelo de avaliação de *feedback* das famílias

Personalize o modelo disponível a seguir para elaborar um formulário no qual as famílias possam expressar sua gratidão a seus membros favoritos da equipe.
Você pode manter esses formulários em lugar de fácil acesso a todas as famílias.

## Modelo de avaliação de *feedback* dos funcionários

| | | |
|---|---|---|
| O diretor encoraja um ambiente de trabalho positivo? | S | N |
| O diretor comunica as expectativas definidas com clareza? | S | N |
| O diretor apoia a cooperação e os esforços em equipe? | S | N |
| O diretor responde às perguntas e às preocupações dos membros da equipe? | S | N |
| O diretor informa a missão da escola aos funcionários e às famílias? | S | N |
| O diretor supervisiona as operações da escola de forma eficaz? | S | N |
| O diretor se mantém a par dos problemas da escola à medida que surgem? | S | N |

Você gosta do seu trabalho? Em caso negativo, o que pode ser feito para melhorar essa situação? _____
_____

Você acredita que suas opiniões, sugestões e preocupações são levadas a sério? Se a resposta for não, o que pode ser feito para que isso ocorra?_____
_____
_____

Há alguma política que não esteja clara, não seja justa ou deva ser alterada?_____
_____
_____

Se você fosse o diretor da escola, que mudanças faria e por quê?_____
_____
_____

O que pode ser feito para promover melhor comunicação entre o diretor e a equipe?_____
_____
_____

O que pode ser feito para melhorar as condições de trabalho na escola?_____
_____
_____

## Modelo de avaliação de *feedback* das famílias

Marque com (X) o cargo a seguir ao qual sua família gostaria de agradecer:

☐ Proprietário/diretor executivo

☐ Diretor

☐ Gerente administrativo

☐ Diretor assistente

☐ Coordenador pedagógico

☐ Professor

☐ Enfermeira

☐ Auxiliar de classe

Nossa família _____
(nome da família)

gostaria de agradecer a _____
(nome do funcionário)

pelo excelente trabalho!

Comentários: _____

_____

_____

_____

_____

*Obrigado! Por favor, entregue o formulário na secretaria.*

---

A comunicação planejada com os membros de sua equipe não cessa com a conclusão do período de orientação. Os funcionários que se sentem informados, valorizados e essenciais para o sucesso da escola representarão a si mesmo e à escola de forma positiva. Reuniões regulares com a equipe são um método eficaz tanto para garantir que todos estejam bem informados como para proporcionar a seus funcionários um meio de se sentirem envolvidos em decisões importantes para o funcionamento da instituição. O conteúdo dessas reuniões dependerá do objetivo da sessão. Comumente, há três tipos de reunião de equipe: anuais, mensais e semanais.

Quando as pessoas têm a sensação de não ter voz, é fácil se sentirem sobrecarregadas. A profissão de professor está cheia de pessoas levadas ao esgotamento. A carga de trabalho torna-se opressiva, e a pessoa não encontra ajuda em lugar nenhum. Ninguém parece ter ideia do que precisa ser feito. Em outras palavras, não há liderança. Diretores e administradores definem o tom que pode fazer a diferença entre o sucesso e o fracasso de uma escola. O objetivo principal de cada uma das reuniões com a equipe, seja anual, mensal ou semanal, é proporcionar direção para o grupo. Os participantes deverão sair das reuniões sentindo como se tivessem uma visão mais clara do que está por vir. Esse entendimento pode diminuir a ansiedade e a sensação de sobrecarga. Se há um funcionário que sente que a carga de trabalho é muito pesada, as reuniões também proporcionam um meio para essa pessoa pedir ajuda ou buscar aconselhamento com outros na mesma situação. A comunicação regular pode resolver um problema antes que ele fuja ao controle.

Assim como em qualquer organização, o líder não pode estar disponível durante todo o tempo. A equipe precisa ser treinada e informada na maneira de agir de acordo com os interesses das crianças e da escola. O objetivo de uma reunião de equipe anual é estabelecer os planos e metas para o ano. Ao final dessa reunião, sua equipe deve se sentir à vontade para discutir esses planos com as famílias. Normalmente, o planejamento inicial para o ano é responsabilidade do diretor e do coordenador pedagógico, sendo realizado em conjunto com os professores. Os gestores assumem a tarefa de serem visionários e são responsáveis pela previsão de tendências na comunidade e pela elaboração de planos para atender às necessidades de educação infantil dessa comunidade. Os gestores devem apenas definir metas futuras, mas também podem pedir aos funcionários que trabalhem com eles e incluam suas áreas de especialização. A reunião de equipe anual proporciona ao diretor a oportunidade de compartilhar esses planos com os demais membros da equipe, receber *feedbacks* e fazer qualquer mudança necessária de forma colaborativa. Esse processo interativo incentivará todos os funcionários a se envolver e se comprometer com seus programas. Uma vez que essa reunião abranja vários tópicos diferentes, é importante traçar um esboço antes da reunião propriamente dita. Enquanto a preparação do esboço é responsabilidade do diretor, os funcionários devem ser incentivados a sugerir todos os tópicos que acreditem ser útil discutir.

**Atividade 3.6** Elaboração de uma agenda para a reunião de equipe anual

Utilizando o modelo disponível a seguir, elabore uma agenda que inclua os pontos importantes a serem discutidos na reunião de equipe anual. Os temas do debate devem incluir políticas e procedimentos, bem como oportunidades de os professores e demais funcionários contribuírem com o desenvolvimento dos materiais e atividades da escola.

## Modelo de agenda para a reunião de equipe anual

> **Objetivo:** Informar à equipe sobre políticas e procedimentos novos e já existentes. Implantar sugestões dos professores e funcionários e das famílias e discutir assuntos relevantes para a escola.
>
> **Boas-vindas e apresentação da equipe**
>
> **Reunião de equipe:** Semanal – Salas de aula individuais
>
> Mensal – Programas
>
> Anual – Todos os funcionários
>
> **Nosso objetivo/missão**
>
> **Nossa filosofia**

## Modelo de agenda para a reunião de equipe anual (*continuação*)

**Funcionários:** Código de ética

Promover um ambiente de trabalho positivo

Comunicação/solucionar problemas, tomar decisões, soluções

Profissional

Descrição de função

**Atribuições da equipe:** Supervisionar as crianças, interação no parque e administração das classes, ser exemplo, ter paciência, usar os equipamentos e brinquedos de forma adequada, limpar e organizar as salas de aula, notificar faltas, ter tempo livre.

**Crianças:** Adequação à idade, desenvolvimento da autoestima, crescimento emocional, disciplina positiva, redirecionamento, orientação, aceitação, compreensão.

**Avaliações das crianças:** Observação inicial de um mês, avaliação escrita no segundo semestre, reuniões anuais entre pais e professores, outras ideias da equipe.

**Famílias:** Segurança, conforto, comunicação, queixas ou preocupações; política de porta aberta.

**Política e procedimentos:** Manual do funcionário, Manual dos pais, Política de confidencialidade, etiquetas de nome, uniformes, estacionamento.

**Saúde e segurança:** Política em caso de doença, Política em caso de emergências médicas, Política de primeiros socorros, lesões, alergias, Política de evacuação, simulação de incêndio, intempéries.

**Banheiros:** Portas abertas, monitoramento, lavagem das mãos.

**Arquivos dos funcionários:** O que está incluído, revisões, avaliações, remuneração e plano de bônus.

**Secretaria:** Privacidade solicitada para reuniões, equipamentos de administração.

**Sala dos funcionários:** Telefone, TV, geladeira, máquina de fotocópias, plastificadora, folhas de ponto, quadro de informações, materiais, caixas de correspondência.

**Envolvimento da comunidade:** Expansão da comunidade, captação de recursos, interação de idosos.

**Entrada e saída das crianças:** Procedimento de registro de entrada e de saída, formulários para saída depois do horário, taxas e identificação adequada; as crianças não podem sair acompanhados por irmãos menores de 16 anos.

**Desenvolvimento de novas atividades, currículo e materiais:** O que você gostaria que fosse acrescentado ou alterado?

**Perguntas e comentários:**

Para atingir todas as metas estabelecidas nas reuniões de equipe anuais, é preciso manter as linhas de comunicação abertas, o que vai exigir que o diretor ou o coordenador pedagógico divida e organize as principais prioridades de cada programa. Essas questões serão o tema de discussão das reuniões de equipe mensais.

As reuniões mensais definirão com o que cada um será responsável por contribuir durante o próximo mês. Devem ser dadas oportunidades aos funcionários de se voluntariarem para diversas tarefas. Um diretor bem informado pode atribuir tarefas para a pessoa com mais experiência ou conhecimento em cada uma das áreas necessárias. Por exemplo, o projeto da cozinha pode ser atribuído a uma pessoa que goste de cozinhar ou simplesmente a uma pessoa que more perto de um local onde se vendem alimentos com desconto. O fator mais importante em todas essas reuniões é a comunicação. É responsabilidade do diretor encorajar os membros da equipe para que se tornem envolvidos e interessados em contribuir para o sucesso da escola. Estabelecer linhas claras de comunicação é uma responsabilidade compartilhada por todos os membros da equipe. É impraticável designar uma pessoa para "divulgar a palavra". Boas redes de comunicação são construídas a partir do zero, mas só é possível conseguir uma comunicação eficaz quando todos os funcionários estão envolvidos. As reuniões de equipe mensais incentivarão esse tipo de comunicação e permitirão que seus funcionários trabalhem juntos como um grupo para atingir suas metas.

> **Atividade 3.7** Elaboração de uma agenda para a reunião de equipe mensal
>
> Utilizando o modelo disponível a seguir, elabore uma agenda que inclua os pontos importantes a serem discutidos na reunião de equipe mensal. Os temas em debate devem abranger as próximas atividades curriculares, bem como oportunidades para que os membros da equipe deem continuidade ao próprio desenvolvimento profissional.

Algumas escolas também descobriram o valor de programar **reuniões semanais**, nas quais são definidas as atividades diárias para a próxima semana. Geralmente, essas reuniões são realizadas no fim do dia, ou antes, do início das aulas. A reunião semanal pode oferecer ampla gama de benefícios: dá aos professores tempo para pensarem como equipe; proporciona a oportunidade de se beneficiarem com a experiência do outro; oferece a seus funcionários uma porta aberta para comunicação e informação, que apenas reforça a sensação de compromisso dos professores com os próprios padrões de desempenho.

### Modelo de agenda para a reunião de equipe mensal

**Tema do mês:** _____

**Currículo:** Idade adequada, com experiência prática em aprendizagem, incluindo temas semanais, ciências, aprendizagens para a vida, desenvolvimento social, desenvolvimento motor, artes e música.

**Planos de aula e próximas atividades:** Avaliado e aprovado com duas semanas de antecedência pelo coordenador pedagógico. Os planos de aula devem ser:

> bem escritos
> informativos
> adequados à idade
> fáceis de usar
> objetivos
> gramaticalmente corretos

Música, movimento, arte no processo, arte de expressão livre, exibições nos quadros de avisos, peças com os dedos, fantoches, histórias, jogos, materiais manipuláveis, blocos e dramatização devem ser incluídos nas atividades semanais.

**Tempo de planejamento designado ao professor:** Os materiais estão disponíveis e devem permanecer na escola. Os planos de aula não são realizados durante o período de aula. Os professores devem se divertir ao apresentar as aulas.

## Modelo de agenda para a reunião de equipe mensal (*continuação*)

**Passeios:** Planejamento, programação, organização, comunicado aos pais, custo, itinerários, revisão com a equipe, vestuário, segurança e participação.

**Visitantes especiais:** Os passeios internos reforçam os temas semanais ou o currículo. Os visitantes devem ser incluídos nos planos de aula e nas próximas atividades.

**Orientações, eventos e festas:** Pré-planejados e discutidos como um programa. Materiais, suprimentos, organizações de transporte e necessidades adicionais serão baseados no orçamento do programa.

**Observação mensal das aulas:**

**Cursos de formação continuada:** Workshops e aulas disponíveis, requisitos e critérios.

## Relatório de progresso de comunicação

| Habilidade ou tarefa | Alcance das habilidades | | |
| --- | --- | --- | --- |
| | QUASE SEMPRE | HABILIDADES EMERGENTES | A MELHORAR |
| Posso identificar meus cinco públicos. | ☐ | ☐ | ☐ |
| A administração da escola está ciente e atende a todas as leis trabalhistas. | ☐ | ☐ | ☐ |
| O manual do funcionário fornece informações sobre como se comunicar com a administração. | ☐ | ☐ | ☐ |
| Todos os funcionários novos preenchem um abrangente programa de orientação. | ☐ | ☐ | ☐ |
| O padrão de conduta esperado está bem-definido no manual do funcionário, assim como uma lista de ações que resultarão em medidas disciplinares. | ☐ | ☐ | ☐ |
| As políticas da escola estão claramente definidas no manual do funcionário. | ☐ | ☐ | ☐ |
| Os funcionários têm acesso a informações complementares sobre benefícios para itens que não estão explicitamente esclarecidos no manual (ou seja, fundo de aposentadoria e seguros-saúde). | ☐ | ☐ | ☐ |
| Uma descrição da função por escrito foi elaborada para cada tipo de funcionário e lida junto com os novos funcionários. | ☐ | ☐ | ☐ |
| Os funcionários são bem informados sobre o tipo e a frequência das avaliações a que serão submetidos. | ☐ | ☐ | ☐ |
| Existe um sistema implementado para que os funcionários possam receber um *feedback* positivo das famílias. | ☐ | ☐ | ☐ |
| As reuniões de equipe são bem organizadas. | ☐ | ☐ | ☐ |
| Os funcionários sentem que as reuniões constituem um uso produtivo de seu tempo. | ☐ | ☐ | ☐ |

# Compreensão da diversidade e múltiplas perspectivas

capítulo 4

## Pontos-chave:

- Como transmitir uma mensagem de respeito em relação às questões da diversidade.
- Como usar a dramatização como meio para uma discussão aberta sobre os desafios da comunicação.
- Como abordar situações difíceis.

Uma das habilidades mais importantes que qualquer profissional da área de educação infantil pode possuir é a capacidade de empatia com os demais. É também uma das lições mais difíceis de ensinar. Em alguns casos, as pessoas não são capazes de compreender o ponto de vista do outro. Como professores, acabamos por aprender muito com os erros que percebemos que os pais cometem nos primeiros anos da criação de seus filhos. É necessário parar e avaliar por que é tão fácil para nós compreendermos o comportamento das crianças. Durante nossas carreiras, muitos de nós cuidamos, literalmente, de centenas, se não de milhares, de crianças. Temos muita prática em determinar o que funcionará com as crianças e o que não funcionará. Como educadores da primeira infância, nosso trabalho não é apenas ensinar, mas também aconselhar e oferecer orientação tanto para as famílias quanto para as crianças para que possam tomar decisões e fazer julgamentos de forma acertada. Devemos lembrar que as famílias e as crianças da escola de educação infantil são nossos clientes. Nenhuma família *tem* de optar pela sua escola: eles pagam por seus serviços. Podemos esperar que as famílias optem por ouvir nossos conselhos, mas não são de forma alguma obrigados a fazê-lo.

Além disso, é importante ter em mente que as crianças em sua escola, provavelmente, terão origens diferentes e uma variedade de formações. O que para você pode ser adequado, no entanto, talvez seja considerado completamente intolerável por uma família cuja cultura seja diferente da sua. Estratégias de comunicação como contato visual e aperto de mãos em um encontro estão enraizadas em muitas culturas, mas podem ser evitadas por algumas. Não se espera que você saiba o que será exigido de sua parte pelas famílias a fim de atender às suas diversas necessidades. No entanto, como profissional da educação infantil, você precisa se sentir à vontade para discutir as necessidades das diversidades com suas famílias.

## Diversidade

Quando as pessoas falam de "diversidade", estão se referindo às diferenças étnicas, idioma, sexo, capacidade física, situação financeira, orientação sexual e muito mais. Basicamente, tudo o que compõe a identidade de um indivíduo pode ser considerado parte de sua diversidade. O fato de que muitas pessoas consideram as questões da diversidade como as que envolvem questões de etnia é uma prova do quanto nosso país ainda tem de avançar para se tornar culturalmente competente.

As crianças são conscientes das diferenças desde muito jovens. No entanto, os preconceitos e as distorções associados às diferenças não são inatos. Brincar e rir são a linguagem universal para a comunicação das crianças. A conclusão de diversos estudos sobre a formação da identidade e o desenvolvimento da postura é que as crianças aprendem observando as diferenças e semelhanças entre as pessoas. As crianças são muito mais perspicazes do que, muitas vezes, parece e podem absorver facilmente as mensagens explícitas ou não que recebem sobre essas diferenças. Uma parte importante dos primeiros anos em sala de aula é aprender sobre as questões da diversidade e igualdade. As crianças podem, ao mesmo tempo, ter orgulho da própria cultura e conhecerem e respeitarem a cultura dos outros. Os membros de sua equipe devem ter a mesma postura. Atualmente, muitos currículos acadêmicos incorporam questões que envolvem a diversidade. Para aqueles que não tiveram esse tema em sua formação acadêmica, a competência cultural pode ser desenvolvida através da interação e da vontade de aprender. O ambiente de sua escola deve ser atraente para as famílias, e sua equipe deve estar disposta a aprender mais sobre suas diferentes necessidades.

As sugestões a seguir podem ajudar a começar a construir uma escola totalmente inclusiva:

- Evite termos depreciativos, mesmo quando a conversa é informal.

- Não seja condescendente. Muitas famílias se orgulham de suas origens singulares e, ainda assim, têm laços fortes com a nova cultura em que está inserido.

- Esteja ciente de palavras e gestos que outros possam achar ofensivos.

- Peça às famílias para instruí-lo quanto a suas origens e quaisquer necessidades específicas que possam ter. Faça cada interação de uma experiência de aprendizado conforme constrói sua competência cultural. Agradeça às famílias por compartilharem essas informações com você.

- Peça às famílias que venham à escola para ensinar às outras crianças e aos outros professores sobre sua herança cultural. Permita que seus alunos sejam expostos a diversas culturas.

- Utilize livros e vídeos para trazer culturas de todo o mundo para as salas de aula.

- Não negligencie um aluno com dificuldades físicas ou mentais, mas, ao mesmo tempo, não tente compensá-lo de forma excessiva. Permita que as crianças e os pais forneçam um retorno sobre as tarefas que acreditam necessitar de modificação.

- Certifique-se de que as salas de aula estejam repletas de materiais que promovam a diversidade. As crianças devem ter opções de escolha para pintar tons de pele. Além disso, os trabalhos de artes, bonecas e outros brinquedos devem refletir o multiculturalismo.

- Sempre que estiver discutindo diferenças, certifique-se de enfatizar que somos mais semelhantes do que diferentes.

- Resolva imediatamente qualquer situação em que uma criança esteja usando insultos de ordem racial, ou esteja fazendo comentários pejorativos sobre as habilidades físicas ou intelectuais de outra criança.

- Lembre-se de que você é um modelo, assim, o que faz é tão importante quanto o que diz.

# Dramatização

O uso de dramatização é uma excelente ferramenta para formar seus professores e funcionários. Analise as cenas a seguir e as questões para discussão que as acompanham. Elas podem oferecer informações valiosas sobre como as outras pessoas pensam.

**Atividade 4.1** Cenário de dramatização nº 1: Janete, Jessie e Michelle

Analise a situação a seguir, tentando se colocar no lugar dos participantes. Preste bastante atenção a todas as informações fornecidas antes de responder às questões apresentadas na sequência.

A MÃE: Janete é uma boa mãe para seu filho, Jessie. Ela não só proporciona um ambiente carinhoso em casa, mas também mantém um emprego em tempo integral. Seu chefe é muito exigente e não dá muito apoio aos funcionários que têm filhos. Seu marido, Jim, é bom pai e marido. Ela se considera uma pessoa de sorte por ter tudo isso e, na maior parte dos dias, sente que pode lidar com os problemas que surgirem. Entretanto, também está cansada. Equilibrar casa e trabalho está começando a cobrar seu preço. Ela sabe que Jim gasta muito tempo no percurso de casa para o trabalho e que seu trabalho é muito exigente. Contudo, Janete acha que Jim poderia ajudar mais e assumir mais responsabilidades na gestão da casa. Ela faz a maioria das tarefas domésticas da rotina, como cozinhar, limpar e fazer compras, o que é feito depois que chega em casa, após pegar Jessie na escola. Jim está sempre pronto a ajudar (quando solicitado), mas a rotina noturna de alimentar Jessie, juntar o que ele precisa para o dia seguinte na escola, dar banho e ler uma história antes de dormir, normalmente, recai sobre ela.

Jessie é um bom garoto. Ele é feliz e se dá bem com seus colegas na escola. No geral, faz o que é solicitado e tem um bom temperamento. Janete sente-se culpada por não passar mais tempo com ele. Mas ficar em casa o tempo inteiro não é uma opção, pois ela sabe que precisa trabalhar para ajudar nas necessidades financeiras da família. Janete e Jim têm discutido a contratação de uma pessoa para auxiliar na limpeza, mas este parece ser um luxo com o qual não podem arcar. A conversa sempre termina com Jim dizendo que ajudará mais no futuro.

Recentemente, o chefe de Janete foi rápido em apontar alguns erros cometidos por ela por descuido e citou a quantidade de empenho e trabalho que serão necessários para que ela avance na carreira.

Janete foi muito cuidadosa na escolha da escola para seu filho. No geral, ela está feliz com a instituição. O custo das mensalidades não é baixo, mas ela acredita que, por Jessie, isso vale a pena. É importante deixar seu filho sabendo que será bem cuidado. Há pouco tempo, seu filho foi encaminhado para uma nova professora, chamada Michelle, que é a terceira de Jessie. Apesar de parecer boa, ela é muito jovem e Janete se pergunta se é qualificada e quanta atenção individual seu filho realmente receberá. Ela acha que, pelo valor da mensalidade, a escola deveria oferecer mais coisas e que deveria haver mais comunicação por parte da professora. Ela já percebe esse fato há algum tempo e decidiu que é hora de conversar com Michelle.

Recentemente, Michelle informou a ela que Jessie, sem motivo aparente, tem agredido ocasionalmente outras crianças. Agora, Janete está mais convencida do que nunca de que os problemas de Jessie são devido à inexperiência de Michelle e há uma falta de cuidados infantis de qualidade ao seu filho. Hoje, Michelle pediu à Janete para chegar mais cedo, antes do horário normal de saída (18h) para discutirem o comportamento da criança. Isso exigiu que Janete pedisse a seu chefe para sair do trabalho mais cedo. Ele não gostou do pedido, mas, mesmo assim, a deixou sair.

Janete conseguiu sair do trabalho mais cedo para a reunião, porém ficou presa no trânsito e ligou para Jim para ver se ele poderia ir em seu lugar. O aviso foi muito em cima da hora e ele disse que estava muito ocupado para sair do trabalho. São 18h10 quando Janete finalmente chega à escola. Ela não apenas perdeu a reunião como está atrasada para apanhar seu filho. Na medida em que ela entra na escola, tudo o que consegue pensar é: "Agora eu vou pagar uma taxa pelo atraso, além de falar sobre o comportamento do meu filho".

A PROFESSORA: Michelle tem 24 anos e possui licenciatura em Pedagogia. Ela sempre quis ser professora e gosta do seu trabalho. Cresceu em uma família grande e gosta de estar com crianças. Seu salário de professora é baixo, assim, não

Compreensão da diversidade e múltiplas perspectivas 55

sobra muito no fim do mês. Para morar sozinha, ela necessita dividir um apartamento com duas amigas. Ela precisa comprar um carro novo e não está certa de como vai conseguir o dinheiro extra. Entretanto, sente-se bem com sua vida e trabalhar com crianças a faz feliz. Acredita ser uma pessoa de sorte por ter encontrado uma escola que compartilha sua filosofia. A escola é bem administrada e tem boa reputação na comunidade. A maior parte dos outros professores é gentil e gosta de trabalhar uns com os outros. A rotatividade na instituição é alta, mas não tão alta quanto já presenciou em outras escolas. Os professores têm variedade de materiais em suas salas de aulas, e a escola é administrada por um bom diretor. Ocasionalmente, é fornecido treinamento aos professores, e os pais parecem gostar dela.

Ainda assim, não é o que Michelle havia imaginado enquanto estava na faculdade. De vez em quando, ela se questiona por que não tem um namorado. A escola certamente não é um lugar para conhecer muita gente solteira. Seu salário está tornando mais difícil sustentar o estilo de vida que deseja para si. Ela inveja as mulheres que deixam seus filhos na escola todos os dias, pois se vestem bem e parecem estar a caminho de trabalhos interessantes. Muitos dos pais parecem ter uma vida feliz no casamento.

Hoje, ela está apreensiva. Nas últimas semanas, um de seus alunos, Jessie, começou a ficar agressivo ao brincar com outras crianças. Recentemente, ele bateu em outras duas crianças, fazendo-as chorar. Ela teve dificuldades nos dois incidentes para explicar a situação aos outros pais. Ambos a culpavam por não ser capaz de lidar com Jessie. Um dos pais disse que, da próxima vez que seu filho for agredido, reclamaria ao diretor. Michelle tentou explicar que esse não era o comportamento normal de Jessie. Ela notou que estava ficando mais difícil Jessie se soltar de sua mãe pela manhã. Na semana passada, a mãe de Jessie teve um dia de folga no trabalho, mas mesmo assim trouxe o filho para a escola. "Se fosse meu filho, iria sempre mantê-lo em casa no meu dia de folga", pensou Michelle.

Michelle gosta da mãe de Jessie, mas percebe que Janete chega para buscar Jessie cada dia mais atrasada. Isso incomoda Michelle de certa forma, porque a obriga a ficar até mais tarde com Jessie até a sua mãe chegar. O valor extra que Michelle recebe não compensa o transtorno. A professora também acha que Janete considera-se superior aos professores da escola e, muitas vezes, fala com eles de forma humilhante.

Ainda assim, Michelle sente que é sua responsabilidade conversar sobre o comportamento de Jessie com sua mãe antes que piore. Ela tem algumas sugestões a dar, mas não tem certeza se a mãe ouvirá alguma delas. Ela sabe que, ao ir para essa reunião, terá de se controlar com essa mãe, que pode argumentar agressivamente. Michelle se organizou para que outro membro da equipe permaneça com sua classe a fim de dispor de tempo com a mãe de Jessie.

Agora, são 18h10 e a mãe de Jessie ainda não chegou na escola. Michelle acha que esta será também uma boa oportunidade de abordar a questão dos atrasos.

QUESTÕES PARA DISCUSSÃO:

1. Você acha que poderia haver um momento mais adequado para marcar essa reunião?
2. Este é o momento ideal para Michelle abordar a questão do atraso?
3. Este é um bom momento para Janete para abordar o fato de que gostaria que houvesse mais comunicação por parte da escola?
4. Você acha que essa reunião (às 18h10) será produtiva?
5. Será que o fato de Janete e Michelle estarem com alguns problemas de comunicação afeta o comportamento de Jessie?
6. É responsabilidade de Michelle discutir o atraso na saída ou esse fato caberia ao diretor?
7. Como esse confronto poderia ser evitado?
8. Qual é o papel do diretor nessa situação?
9. De modo que o diretor pode promover a equipe como um grupo de profissionais respeitados?
10. As preocupações de Michelle com dinheiro e a falta de um namorado estão afetando sua capacidade de se relacionar com as famílias de seus alunos?
11. Michelle estava certa ao esperar "algumas semanas" antes de discutir os problemas de comportamento de Jessie?
12. Você acha que os problemas de comportamento e de atraso na saída seriam tão graves se Janete sentisse menos estresse em casa e no trabalho?
13. Como você teria resolvido esse conflito com sucesso?

# 56 Técnicas eficazes de comunicação para a educação infantil

**Atividade 4.2** Cenário de dramatização nº 2: Amy e Elizabeth

Analise a situação a seguir, tentando se colocar no lugar dos participantes. Preste bastante atenção a todas as informações fornecidas antes de responder às questões apresentadas a seguir.

A DIRETORA: Amy trabalha na escola há seis anos. Dois anos atrás ela foi promovida de coordenadora pedagógica à diretora. Ela tem 34 anos e um grande orgulho por seu trabalho e pela instituição. Amy tem trabalhado duro para ganhar o respeito dos demais funcionários, uma vez que muitos deles têm formação acadêmica avançada, e ela não. Com o ano letivo prestes a começar, Amy tem trabalhado por longas horas. Frequentemente, ela pode ser encontrada na escola horas depois que todos já saíram à noite. Amy e seu marido esperam iniciar a própria família em breve, mas ultimamente ela se pergunta se as exigências de seu trabalho algum dia vão permitir a oportunidade de se concentrar em sua vida particular. O marido de Amy tem se sentido incomodado por ela passar muitas horas no trabalho. Ela não consegue se lembrar da última vez que eles se sentaram e jantaram juntos.

Hoje à noite, Amy realizará a reunião de início do ano letivo. Todos os professores devem participar. Eles serão apresentados a planos de aula específicos que deverão ser seguidos na primeira semana do novo ano letivo. Amy elaborou esses planos com base em seus seis anos de experiência na escola, pois achava mais interessante se todos os professores apresentassem o programa e as regras da instituição da mesma maneira. Dessa forma, se a criança tivesse de mudar de classe durante o ano, as novas rotinas seriam semelhantes. Além disso, Amy concluiu que, fornecendo os planos da primeira semana de aula, os professores estariam muito menos propensos a esquecer um componente importante da apresentação das crianças à escola. Dois anos antes, uma professora novata tinha deixado de praticar com sua classe o que fazer caso ouvissem o alarme de incêndio. Por essa razão, as crianças ficaram confusas e aterrorizadas durante sua primeira simulação de incêndio. Elas nem sequer sabiam em que porta deviam ficar em fila. Amy está determinada a não deixar que um descuido como este aconteça enquanto ela estiver no comando. Preparar os planos de aula para a primeira semana levou cerca de 40 horas. Grande parte do trabalho teve de ser realizada durante a noite ou no fim de semana. Amy está muito animada para apresentar seus planos na primeira reunião do ano.

Pouco antes do início da reunião, Amy recebeu um telefonema de Elizabeth, a quem Amy contratou como professora em período parcial cerca de seis meses atrás. Elizabeth é muito querida por muitas das famílias e pela maioria dos outros membros da equipe. No entanto, ela tem ideias bem-definidas sobre como a sua sala de aula deve ser administrada. Elizabeth disse a Amy que não poderia participar da reunião porque o filho estava doente e ela precisava ficar em casa para cuidar dele. Esse aviso no último minuto aborreceu Amy, principalmente porque ela sabe que o marido de Elizabeth trabalha em casa. Por que ele não pode cuidar do filho doente?

Amy suspira e informa a Elizabeth que enviará seus planos de aula na primeira semana letiva. Elizabeth promete examiná-los, mas, antes que pudesse dizer mais alguma coisa, uma criança começou a chorar. Elizabeth se despede abruptamente e desliga. Amy faz uma anotação mental para passar pela classe de Elizabeth no primeiro dia de aula para ter certeza de que seus planos estão sendo seguidos corretamente. Ela pensa em telefonar para Elizabeth mais tarde para transmitir um resumo do que havia acontecido na reunião, mas depois decide que, como foi uma escolha de Elizabeth não comparecer à reunião, Amy não deve ser responsável pela tarefa extra de colocá-la a par do que foi discutido. Além disso, Amy enviará os planos de aula para ela.

A PROFESSORA: Elizabeth aceitou seu novo emprego na escola cerca de seis meses atrás. Ela já havia trabalhado em tempo integral como coordenadora pedagógica em outra escola da região. O novo trabalho de Elizabeth significa uma redução de salário, responsabilidade e, felizmente, carga horária. Ela tem 35 anos e dois filhos, com idades de 6 e 8 anos. Recentemente, Elizabeth se separou do marido e os filhos não têm aceitado bem a mudança. Seu filho mais velho tem se envolvido em brigas na escola e seu filho caçula tem tido pesadelos terríveis. Ela está preocupada com o impacto em longo prazo que um possível divórcio teria sobre eles. Raramente, seu marido tem aparecido em casa desde a separação e as crianças sentem a falta dele. Ela é grata por seu novo emprego permitir estar em casa para receber seus filhos quando retornam da escola. Seu novo emprego significa que a família deve diminuir as despesas, mas Elizabeth acha que o tempo extra juntos vale a pena ter de se adequar ao orçamento.

Na semana passada, Elizabeth recebeu um telefonema de Amy, a diretora da escola. Amy disse que ela precisava ir à reunião de início do ano letivo, que seria realizada às 18 horas. Elizabeth ficou irritada porque ela teria muito pouco

Compreensão da diversidade e múltiplas perspectivas 57

tempo para arranjar uma babá para seus filhos e sabia que muitos dos outros professores, e Amy estava incluída nisso, não tinham os mesmos compromissos familiares que ela. Elizabeth gostaria de ter participado das últimas reuniões tão facilmente quanto todos fizeram, mas ela tinha de pensar em seus filhos. Ainda assim, estava animada com o ano letivo e tinha muitas ideias ótimas que queria compartilhar com o grupo. A primeira semana do ano letivo era a favorita de Elizabeth, e ela já sabia exatamente quais atividades queria realizar com a turma.

Bem na hora em que Elizabeth estava para sair de casa para a reunião, seu filho mais velho perguntou se ela já o havia inscrito no campeonato de futebol. Elizabeth teve de dizer que ele não iria participar do campeonato este ano, pois não tinham como pagar a inscrição. Seu filho não aceitou muito bem as novidades. Correu para a cozinha e esvaziou todas as caixas de cereais no chão antes de correr para seu quarto e bater a porta. Elizabeth sabia que não podia deixar uma babá numa situação dessas, então ligou para Amy a fim de informá-la que não poderia comparecer à reunião. Amy pareceu irritada como Elizabeth já esperava. Assim que Amy disse que enviaria seu programa para a primeira semana de aula pelo correio, Elizabeth ouviu seu filho caçula chorando. O irmão mais velho havia saído do quarto e batido nele. Elizabeth desligou o telefone imediatamente para cuidar dos filhos.

Ela recebeu os planos de aula pelo correio dois dias depois. Achou que eram muito bons, mas também tinha algumas ideias próprias. Tinha certeza de que Amy não se importaria se ela personalizasse os planos, afinal, era sua sala de aula. Elizabeth questionou especialmente a necessidade de repassar todas as regras da escola, incluindo a simulação de incêndio, no primeiro dia. Decidiu mudar essa parte para o segundo dia para que pudesse usar seus jogos de boas--vindas para as crianças se conhecerem no primeiro dia de aula. Na opinião de Elizabeth, as crianças não se lembram de muitas das coisas ensinadas no primeiro dia. Era melhor reservar as coisas importantes até as crianças se sentirem um pouco mais à vontade na escola. Elizabeth estava ansiosa para o início das aulas.

QUESTÕES PARA DISCUSSÃO:

1. Como você acha que será o primeiro dia de aula quando Amy descobrir que Elizabeth não está seguindo seus planos de aula?
2. A conversa ao telefone entre Amy e Elizabeth era a forma apropriada para uma discussão importante?
3. Como Amy pode dizer a Elizabeth, sem discutir, que ela precisa seguir os planos de aula determinados na reunião?
4. O que Amy poderia ter feito para deixar claro para Elizabeth quão importante era seguir seus planos?
5. Era obrigação de Elizabeth ligar para Amy para obter um resumo da reunião da qual ela não pôde participar ou esse contato deveria partir de Amy?
6. A vida pessoal e o nível de estresse estão afetando o trabalho de Elizabeth? E quanto a Amy?
7. Como as duas mulheres poderiam trabalhar em conjunto para resolver o conflito que inevitavelmente ocorrerá no primeiro dia de aula?
8. O que pode ser feito para evitar que uma situação semelhante ocorra novamente?

**Atividade 4.3** Cenário de dramatização nº 3: Eric, sua mãe e a professora

Analise a cena a seguir, tentando se colocar no lugar dos participantes. Preste bastante atenção a todas as informações fornecidas antes de responder às questões.

A CRIANÇA: Hoje foi meu primeiro dia de aula na nova escola. Realmente, eu não queria deixar a outra escola. Minha melhor amiga, Lori, estava na minha classe. Toda sexta-feira podíamos levar brinquedos para compartilhar, e Lori sempre me deixava brincar com seu brinquedo antes da hora do círculo. Já que era meu primeiro dia na escola nova, minha mãe me deixou levar meu boneco de pelúcia do Elmo para a hora da soneca e meus piratas para a hora da apresentação. Ninguém quis brincar comigo. Todas as crianças me perguntavam o que havia de errado com minhas orelhas. Tentei escondê-las com meu chapéu, mas eles tentavam olhar por baixo dele. Empurrei um deles, e ele caiu e chorou. Minha professora me disse que eu precisava aprender a ser gentil com meus novos amigos. Ela me fez sentar no banco. Ouvi minha professora dizer a outra moça no parque que devo ter sofrido um acidente. A outra moça disse que bons pais são mais cuidadosos com suas crianças próximas ao fogo. Não gosto da moça. Ela não é minha professora de verdade e ela não sorri. Eles disseram que ela era a auxiliar de classe. Quando saí do banco, decidi que deveria brincar apenas com as bolas, e não com as outras crianças. Acho que não gosto dessas crianças e não vou brincar com elas. Na hora do almoço, minha professora tirou meu sanduíche de manteiga de amendoim porque disse que não era permitido. Chorei. Tive de sentar sozinho numa mesa e comer meu sanduíche porque eu não ia comer a bolacha com queijo que eles me deram. Eu só queria o sanduíche que minha mãe fez para mim. Na hora da soneca, peguei meu boneco do Elmo na mochila e o levei para minha cama. A auxiliar tirou-o de mim. Disse que animais de pelúcia não eram permitidos e o colocou em um saco plástico. Eu queria que fosse hora da saída para ir para casa. Quero a minha mãe!

Como você descreveria o primeiro dia de Eric na escola nova?

Se pudesse mudar apenas uma coisa no dia dele, o que seria?

Como essa única mudança poderia afetar o restante do dia?

A MÃE: Cheguei hoje na nova escola de meu filho para descobrir por que seus registros médicos e educacionais haviam sido transferidos de sua antiga escola para a diretora dessa escola. A diretora disse que teve uma longa conversa com a antiga professora de Eric sobre alguns problemas comportamentais que ele estava tendo em sala de aula. Eu esperava discutir algumas de suas limitações físicas antes de sua matrícula. Havia algumas informações pessoais em seus registros que não eram para serem reveladas ainda. A diretora parecia ter tudo sob controle e assegurou-me que tinha conseguido lidar com muitas outras crianças com problemas de comportamento igualmente difíceis e que, inclusive, uma vez, já havia visto uma criança com o mesmo problema de Eric. Ela também sugeriu que, a partir de uma conversa com a professora atual, parece que ele estava mostrando alguns sinais de déficit de atenção e hiperatividade e perguntou se eu já havia considerado essa possibilidade. Ela tinha até pesquisado o transtorno na internet e me passou três páginas com testes para Eric. Como ela parecia saber mais que eu sobre o assunto, decidi não me preocupar. Ela me levou para conhecer sua nova professora, Laura, que me ofereceu uma das cadeiras das crianças para sentar enquanto permanecia de pé e me falava sobre todas as coisas que ela ensinaria a Eric. Laura pareceu-me familiar e lembrei-me de tê-la visto no restaurante na noite anterior. Estava sentada com um grupo de mulheres comentando que "Katie foi mordida pelo Jason em minha classe hoje". E acrescentou: "Deve haver problemas em casa porque ele nunca fez nada parecido antes. Eu soube também que o pai de Jason perdeu o emprego". Fiquei um pouco envergonhada por ter ouvido a conversa.

Como profissional, qual é o único conselho que você daria para essa mãe?

Com base nesse conselho, como você acha que a mudança afetaria a experiência de aprendizagem da criança?

Isso alteraria o relacionamento da mãe com a professora?

Você acha que as atitudes da diretora foram adequadas?

A PROFESSORA: A diretora veio na semana passada contar que um aluno novo, chamado Eric, iria se juntar à minha classe. Passou-me todos seus registros e, assim, preparei a identificação de seu armário, acrescentei seu nome à lista de presença e coloquei seu número de telefone no mural da família. Queria dar a ele a oportunidade de marcar encontros para brincar com as outras crianças. Laura me disse que ele mordia as outras crianças, então, na hora da saída, vou avisar os outros pais. Quero que estejam preparados para o que devem esperar quando ele for brincar em suas casas. Espero que a mãe se sinta feliz em ver como estamos prontos para a chegada dele. Acho que Laura sempre me envia crianças com problemas familiares. Acho que ela acredita que eu seja uma boa professora para crianças problemáticas. Disse aos colegas durante o almoço na sala dos professores que era a vez de eles terem essas crianças em suas classes.
Notei que havia vários espaços em branco nos formulários de transferência de Eric. No meu formulário de entrada e de saída, deixei o espaço para o nome do pai em branco, pois nenhum nome havia sido incluído no formulário de matrícula Eric. Devem ter esquecido de preencher todos os espaços em branco, então fixei o formulário na porta e destaquei essa parte para me lembrar de perguntar. Quando a mãe de Eric passou na sala de aula hoje, disse a ela que eu não estaria lá na hora da saída, mas sempre informo à auxiliar de classe como foi o dia de Eric, e ela relataria à mãe. Houve um longo suspiro na voz da mãe quando pedi a ela para preencher o nome do pai e em que dias ele traria o Eric para a escola.

Você vê alguma coisa errada na maneira como a professora se preparou para seu novo aluno?

Com base na atitude da professora, o que acha que causará a maioria dos problemas de ajustamento de Eric?

De quem é a culpa pelo rumo dos acontecimentos?

QUESTÕES PARA DISCUSSÃO:

1. Como o código de confidencialidade foi violado em relação à mãe?
2. Como o código de confidencialidade foi violado em relação à criança?
3. Você acha que deveria ter havido uma conversa entre as duas diretoras em relação ao problema de Eric antes de sua matrícula?
4. Quem deveria ter sido incluído nessa reunião?
5. Você acha que uma conversa com os colegas de classe de Eric teria sido útil?
6. Liste alguns métodos que poderiam ter facilitado a transição de Eric para sua nova escola.
7. Como você se sente sobre a conversa da professora no restaurante?
8. E se a conversa tivesse ocorrido na sala de professores da escola?
9. Como diretor, há algo que poderia ser feito para corrigir essa situação?
10. Você acha que a mãe deve deixar seu filho nessa escola?
11. Explique suas razões para não mudar Eric de escola novamente.

**Atividade 4.4** Cenário de dramatização nº 4: Peça das férias de inverno

Analise a cena a seguir, tentando se colocar no lugar dos participantes. Preste bastante atenção a todas as informações fornecidas antes de responder às questões.

PEÇA DAS FÉRIAS: Todos os anos, as crianças ensaiam durante meses na expectativa para a peça anual das Férias. Este ano, as professoras decidiram que as crianças devem apresentar "Os Doze Dias de Natal". Os dias que antecedem a peça são especialmente excitantes para as crianças da escola: elas ensaiam suas falas e são passadas instruções às famílias sobre como confeccionar a roupa adequada. A classe de Day (pré-escola) ficou incumbida da parte dos "Cinco Anéis de Ouro". A professora Day estava muito animada porque esta é uma das partes mais emocionantes da música e o público sempre responde bem. Um de seus alunos é Tayla. A família de Tayla veio recentemente da Arábia Saudita.

A PROFESSORA: Adoro trabalhar com minha classe, pois meus alunos são cheios de energia e entusiasmo. Estava muito animada para receber Tayla em minha sala de aula há algumas semanas. Agora, o número de meninos e meninas em sala de aula é igual. Não tenho muitas informações sobre Tayla: a única diferença é que a mãe dela veste o *hijab*, o que significa que ela cobre todo o corpo e cabeça, exceto o rosto e as mãos. Tayla disse aos colegas que usará o *hijab* quando fizer 9 anos. Não me senti à vontade ao conversar com a família sobre suas tradições. Todas as famílias falam inglês, então por que eles poderiam ser diferentes? A peça teatral de férias é um grande evento para a escola. Muito tempo e esforço são dispendidos para ter certeza de que tudo está correto. Depois de pensar bastante, decidi que todas as garotas da classe devem usar colantes branco, batom vermelho e uma coroa decorada com cinco anéis de ouro brilhantes.

É conveniente ter um programa de férias que se limite apenas a uma religião ou a uma celebração?

De quem deveria ser a responsabilidade de iniciar uma discussão sobre as necessidades culturais? Da professora Day? Da família de Tayla?

Quais são os problemas potenciais com a roupa escolhida pela professora?

A CRIANÇA: Estou animada com minha escola e casa novas, mas sinto falta dos meus amigos que ficaram na Arábia Saudita e, especialmente, dos meus avós. Mamãe me prometeu que, quando nos mudássemos, eu poderia decorar meu quarto novo como quisesse. Espero que ela me deixe pintar as paredes de roxo, minha cor favorita! Também estou muito animada com a minha nova classe. Todd é meu novo amigo. A família dele mora na mesma rua que nós e, às vezes, dividimos o carro para ir e voltar da escola. Acho a professora muito legal. Ela sempre usa maquiagem muito brilhante nos olhos e esmalte vermelho nas unhas. Gostaria de poder usar esmalte também, mas minha mãe disse: "De jeito nenhum!". Hoje, a professora disse a todos os alunos que estava colocando um aviso muito importante em nossas caixas de correspondência e pediu que avisássemos nossos pais para lerem o comunicado, pois assim teríamos o traje certo para a peça de Natal. Não tenho certeza do que seja o Natal, mas as outras crianças da classe estão muito animadas, então estou ansiosa também. Minha professora disse: "Você vai gostar muito do Natal". Quando cheguei à casa, minha mãe leu o comunicado e, imediatamente, pareceu aborrecida. Fiquei com medo de ter feito algo errado. Talvez o aviso fosse sobre a vez que eu peguei um lápis roxo de Todd. Minha mãe rasgou o comunicado ao meio e jogou no lixo.

O que você acha do comentário da professora Day a respeito de Tayla gostar do Natal?

Em vez de enviar um comunicado para casa, de que outra forma a professora poderia ter abordado as famílias sobre seus planos para a peça?

O que, se houver algo, deveria ser explicado à Tayla sobre o conceito do Natal?

A MÃE: Tem sido uma aventura desde que nossa família se mudou para cá. A ideia de deixar nossa família e casa para trás foi terrível, mas conseguimos! Tínhamos a esperança de comprar uma casa em um lugar multicultural. É importante para meu marido e para mim que nossos filhos cresçam em um lugar onde serão aceitos pelos vizinhos. Quero que meus filhos sejam capazes de se tornar parte da cultura local, ao mesmo tempo que mantêm nossos valores islâmicos. A escola onde matriculei Tayla tem várias famílias latino-americanas e chinesas, mas nenhuma outra que compartilhe nossas tradições muçulmanas. Às vezes, recebo olhares estranhos quando coloco meu lenço na cabeça, mas esta é uma parte da minha crença, assim como é minha tradição não usar maquiagem ou roupas reveladoras em público. Gosto do foco da escola na área acadêmica, e eles alegam ter um ambiente de aprendizagem inclusivo e multicultural. As crianças fazem visitas frequentes a um asilo e estão intensamente focadas em ajudar os outros na comunidade. Este é um valor extremamente importante para nossa família e fiquei satisfeita ao ouvir que é reforçado pela escola. Desde que Tayla começou na escola, ela vem falando sobre uma peça que será encenada. Não tenho certeza exatamente do que essa peça envolve, mas presumo que vai abranger uma diversidade de celebrações das férias.

Como você acha que a mãe de Tayla interpretou o comunicado que a professora escreveu sobre a peça de férias?

A mãe de Tayla deveria assumir a responsabilidade de explicar à professora sobre as crenças da família, incluindo aquelas referentes à modéstia, antes desse incidente ocorrer?

Como essa situação poderia ser resolvida de forma que atenda às necessidades de todos os envolvidos?

## Relatório de progresso de comunicação

| Habilidade ou tarefa | Alcance das habilidades | | |
| --- | --- | --- | --- |
| | QUASE SEMPRE | HABILIDADES EMERGENTES | A MELHORAR |
| Os professores são sensíveis às necessidades das famílias. | ☐ | ☐ | ☐ |
| Os professores são capazes de iniciar conversas difíceis com as famílias. | ☐ | ☐ | ☐ |
| Os professores são atenciosos e respeitosos em suas comunicações com os demais. | ☐ | ☐ | ☐ |
| As famílias se sentem à vontade, revelando informações pessoais relevantes. | ☐ | ☐ | ☐ |
| Os professores estão dispostos a trabalhar como uma equipe para concluir os projetos e alcançar as metas. | ☐ | ☐ | ☐ |
| A diretora é sensível às necessidades de todos os membros da equipe. | ☐ | ☐ | ☐ |
| Os professores usam o bom-senso no momento do início das discussões. | ☐ | ☐ | ☐ |
| Todos os professores são capazes de colocar os interesses das crianças acima de seus preconceitos pessoais. | ☐ | ☐ | ☐ |
| As famílias são sempre comunicadas em tempo hábil e de forma sensata se surgirem questões preocupantes. | ☐ | ☐ | ☐ |
| Os membros da equipe mantêm estrita confidencialidade com relação às questões familiares. | ☐ | ☐ | ☐ |

# A melhor referência: elaboração de um manual da família[1]

capítulo 5

Pontos-chave:

- Como aplicar as cinco perguntas para elaborar o manual (quem, por que, onde, quando e o quê).
- Como identificar as informações a serem abordadas no manual.
- Como montar seu manual de modo que resista ao tempo.

---

[1] No Brasil, as escolas de educação infantil devem elaborar propostas pedagógicas, com base nas Diretrizes Curriculares Nacionais para a Educação Intantil (Resolução CNE/CEB 05/2009). Tais propostas podem ser utilizadas para a organização do manual da família. (NRT)

Uma das perguntas mais fáceis de responder é a questão: *quem* precisa de um manual? A resposta inequívoca é: você precisa! Seu manual serve como "manual de instruções" para sua escola de educação infantil, e serve como referência rápida para as famílias consultarem procedimentos e políticas específicas. O manual também é uma ótima forma de apresentar a escola a novos professores e funcionários e às famílias que estão considerando matricular seus filhos em sua escola. Embora o tempo investido para desenvolvê-lo seja considerável, seu esforço será bastante recompensado ao longo dos anos.

Com tantas demandas ao mesmo tempo, você precisa ter um bom motivo quanto a *por que* desenvolver um manual é crucial para o sucesso da sua escola de educação infantil. Ele será seu veículo mais importante de comunicação, utilizado pelos cinco públicos-alvo e tornando-se uma ferramenta especialmente eficaz na comunicação com seu público principal, os alunos atuais e suas famílias. Famílias bem informadas, geralmente, são clientes satisfeitos.

As famílias devem ser capazes de usar o manual para encontrar, de forma rápida e eficaz, as respostas para uma série de questões de rotina. Na hora da saída, muitas famílias estão apressadas e distraídas. Na empolgação de exibir o projeto de artes do dia e arrumar a mochila, uma questão importante pode ser esquecida. Você quer que as famílias tenham um lugar ao qual se voltar após saírem da escola.

Após ter se comprometido a escrever um manual, para *onde* ir a partir daqui? O passo mais importante no desenvolvimento de um excelente manual é dar-se tempo suficiente, pois, assim, é possível esperar que o processo evolua e cresça em muitas direções diferentes. Se esta é sua primeira tentativa, comece de forma simples. Inicie o trabalho juntando os materiais, tais como biografia dos professores e recortes de jornais antigos sobre a sua escola. Comece a montar pastas com informações relevantes a todos: professores, funcionários e famílias.

Antes de começar a escrever, é importante estabelecer uma ideia clara da imagem da escola de educação infantil que pretende apresentar. Para isso, pense sobre o que é importante para você como profissional da área de educação infantil. Por exemplo, se tem experiência médica, ênfase na alimentação pode ser importante para você e deve estar refletido no manual. Se tiver filhos, então, o horário de funcionamento e os dias em que a escola estará fechada serão prioridade para você. Obviamente, todos esses temas e muitos outros serão incluídos no seu manual. No entanto, é preciso lembrar que há uma quantidade limitada de espaço para apresentar aspectos importantes da escola às famílias. As informações fornecidas devem ser esclarecedoras e concisas, pois, afinal, seu manual deve ser referência útil, e não uma novela complicada.

Reveja as respostas dadas às perguntas da Atividade 1.2, pois foram elaboradas para ajudá-lo a se concentrar na sua mensagem principal. Esta é a mensagem a ser transmitida por meio de seu manual. Outra forma de desenvolver a mensagem que define seu manual é examinar suas ações cotidianas.

**COMUNICAÇÃO EFICAZ EM AÇÃO**

MEMBRO DA FAMÍLIA: "O aniversário do meu filho é amanhã e esqueci de perguntar à professora se eu poderia levar bolinhos para a classe. É muito tarde para ligar para a escola agora. Meu filho ficará desapontado se ele me ajudar a fazer os bolinhos esta noite e não pudermos levá-los para a sala de aula amanhã. Também ficará desapontado se for a única criança da classe a não ter uma comemoração especial em seu aniversário. Talvez isso seja abordado no manual."

RESULTADO: Após consultar o manual, a família descobriu que lanches especiais são permitidos para aniversários, desde que em quantidade suficiente para compartilhar com a classe inteira. O manual também recomenda que bolinhos não sejam servidos nessas datas especiais devido ao baixo valor nutritivo. A família e a criança passaram a noite preparando picolés de frutas para a comemoração na escola.

**Atividade 5.1** Começar com o pé direito

As respostas às perguntas a seguir devem ajudá-lo a revelar os aspectos da sua escola de educação infantil dos quais tem mais orgulho. São esses pontos que devem ser incluídos no seu manual.

Imagine que uma família potencial passou pela escola para conversar sobre a matrícula de seu filho.

Quais são os primeiros materiais que apresentaria à família? Por quê?

Em uma visita, qual área da escola seria mostrada em primeiro lugar? Por quê?

Qual membro da equipe seria apresentado primeiro? Por quê?

O manual deve representar tanto quem você é quanto os objetivos de sua escola de educação infantil. É necessário pensar sobre o tipo de ambiente que gostaria de apresentar. Seja criativo, mas garanta que o estilo seja sempre profissional. Pense em como pode tornar seu manual original, por exemplo, incluindo os desenhos de uma criança. Frases favoritas ou fotografias podem dividir o texto e tornar o manual visualmente mais atraente. No entanto, é necessário ter em mente que um tom consistente e profissional em todas as suas comunicações por escrito é importante se desejar que sua escola seja reconhecida e aceita pela comunidade como uma empresa com poder de permanência.

O manual também deve fornecer ao leitor uma apresentação geral de toda a equipe de trabalho, mostrando o orgulho que se tem das pessoas que trabalham em sua escola. Sua equipe deve ser representada como pessoas atenciosas e carinhosas que se orgulham da responsabilidade de educar crianças.

Nesse ponto, provavelmente já surgem ótimas ideias, mas *quando* é o melhor momento para pôr essas ideias no papel? Bem, nunca se pode começar muito cedo. Escrever um manual é uma experiência útil mesmo se sua escola ainda não começou a funcionar. Elaborar um manual vai dar a você a oportunidade de desenvolver seu plano operacional. A partir de sua experiência anterior na área e conversas com outros profissionais de educação infantil, será capaz de identificar prováveis perguntas antes mesmo que sejam realizadas.

> **QUANDO A COMUNICAÇÃO É INTERROMPIDA**
>
> FAMÍLIA: "Eu não tinha ideia que sua escola permanecia fechada no dia seguinte ao Dia de Ação de Graças. Cheguei com meu filho na manhã de sexta-feira para encontrar a escola escura e a porta trancada. Precisava estar no trabalho às 9 horas e não tinha planejado tentar encontrar uma babá no último minuto. Se eu soubesse que estariam fechados, teria muito mais tempo para me preparar."
>
> EQUIPE: "Enviamos um aviso na caixa de correspondência de todas as crianças para informar às famílias que a escola estaria fechada. Talvez o comunicado não tenha sido lido, certo?"
>
> LIÇÃO DE COMUNICAÇÃO: Não se pode confiar somente em avisos colocados na caixa de correspondência de uma criança para comunicar informações importantes da escola. Há muitas variáveis que podem resultar no extravio da mensagem. Todas as famílias precisam de um manual para servir como fonte consistente e confiável de informações importantes, tais como detalhes de férias e fechamentos. Formas adicionais de transmitir uma informação, como quadros de avisos e boletins, serão discutidas em mais detalhes nos capítulos 6 e 7.

Se a escola já estiver funcionando, a "noção de tempo" é ainda mais imediata. Seus públicos precisam ter todas as informações possíveis de serem transmitidas verbalmente e por folhetos, condensada em um material profissional. Quase todos os principais compromissos que uma pessoa assume vêm com um manual de referência ou contrato. As famílias devem esperar o mesmo nível de comprometimento por parte da sua escola.

A parte mais importante do manual é *o quê* incluir. Na maioria dos manuais, as informações que se deseja passar às famílias podem ser divididas em quatro categorias diferentes: Introdução, Políticas e Procedimentos, Currículo e Extras.

Inicie com uma folha de papel em branco para cada tópico e comece a listar os materiais disponíveis ou que precisam ser desenvolvidos. Este é um bom momento para percorrer as pastas que você já começou a montar, com materiais importantes para a escola. Talvez seja importante elaborar também uma "Lista do que fazer" de materiais e textos que acredita serem relevantes para incluir no seu manual.

Lembre-se de que seu manual deve ser simples e fácil de ler. Reserve toda a sua "terminologia educacional" para outro momento. Use termos simples que sejam compreendidos pela maioria das pessoas. Lembre-se de que o que pode parecer simples para você ou seus professores, pode soar estranho para as famílias.

Vamos dedicar algum tempo explorando cada uma das quatro seções em mais detalhes.

## Introdução

Muitas vezes, as primeiras impressões são as que ficam, então certifique-se de passar uma boa impressão. Embora a introdução não seja a parte mais importante do manual, ela deve motivar o leitor a continuar. Um manual cheio de informações não servirá para nada se não for lido.

Na primeira página, dê as boas-vindas tanto à escola quanto ao manual. Inclua um ponto positivo de sua instituição, algo que os distinga da concorrência. Isto é especialmente importante se planeja usar o manual como ferramenta promocional para as famílias em perspectiva. Informe as famílias na seção de boas-vindas que, embora o manual sirva como excelente recurso para a escola, eles também são incentivados a fazer perguntas e visitar a escola com frequência. Mesmo que o manual seja um instrumento importante para a comunicação, ele não pode e não deve substituir a interação pessoal entre as famílias e os professores e funcionários.

A introdução também é o lugar perfeito para explicar a sua filosofia com relação à educação infantil. Mostre às famílias o que é importante para você e sua equipe. Forneça ao leitor alguns exemplos concretos de como sua filosofia é sustentada. Se sua filosofia se baseia na ideia de que crianças aprendem melhor quando estão se divertindo, é necessário fazer referência aos inúmeros brinquedos educativos disponíveis em sua instituição e no currículo, o que permite às crianças escolher entre uma diversidade de tarefas desenvolvidas para ensinar cada habilidade.

**Atividade 5.2** Personalizar a seção de boas-vindas

Emprgue o modelo fornecido a seguir para elaborar uma seção de boas-vindas que atenda às necessidades da sua escola.

## Modelo da seção de boas-vindas

> **Bem-vindo**
>
> Bem-vindo à [escola]! É uma satisfação para nós que tenha nos confiado a educação infantil do seu filho. Nosso principal objetivo é [inserir objetivo da escola aqui].
>
> Desenvolvido para famílias criteriosas, [a escola] é o principal centro de aprendizagem em [inserir a cidade]. Desde [inserir o ano de inauguração], oferecemos [inserir os programas disponíveis]. Atenção individual às necessidades de cada criança é uma característica comum. Tão importante quanto isso, a escola desenvolveu um currículo abrangente e atraente para cada um dos nossos programas.
>
> Este manual o informará sobre nossas atividades de alta qualidade, políticas gerais e procedimentos para tornar sua experiência com a [escola] agradável. Os professores, os funcionários e a administração da [escola] estão comprometidos em atender as necessidades de cada criança e sua família.
>
> Depois da leitura deste manual, vamos encorajar você a fazer perguntas e a consultá-lo muitas vezes. As famílias são sempre bem-vindas à [escola], sem a necessidade de marcar horários. Sinta-se à vontade para vir à escola a qualquer momento. Estamos ansiosos para atender sua família e prometemos proporcionar um ambiente acolhedor e atencioso para seu filho promovendo o desenvolvimento individual ao máximo.

É importante fornecer às famílias informações básicas sobre seu centro de educação infantil. Na seção referente à história da escola, é interessante mostrar ao leitor como seu estabelecimento se desenvolveu até chegar ao que é atualmente. Se sua escola é relativamente nova, descreva como começou seu interesse pela educação infantil e quais as decisões tomadas em sua carreira que o levaram a esse ponto. Se a escola passou por qualquer mudança de nome ou de local ao longo dos anos, inclua essa informação aqui. Um ambiente estável é muito importante para a maioria das famílias, assim você deve terminar essa seção reafirmando seu compromisso com o crescimento e desenvolvimento contínuos. As famílias precisam saber que a escola está ali para ficar.

A seguir, você deve se focar nas pessoas que fazem da escola de educação infantil um ótimo lugar de convivência, o corpo docente. Essa seção não deve apresentar os membros específicos de sua equipe, pois isso exigiria que o manual fosse atualizado com frequência, mas pode-se descrever a equipe de profissionais como um todo. Se contratar somente professores com nível superior, certifique-se de que isso seja incluído no manual. É importante fazer referência também à forma que seus professores e funcionários continuam a aprender e crescer. Oportunidades para as aulas de formação continuada, cursos de desenvolvimento profissional ou treinamento especial também devem ser abordados nessa seção.

**Atividade 5.3** Personalizar a seção sobre filosofia

Empregue o modelo a seguir para elaborar uma seção de filosofia que atenda às necessidades da sua escola.

### Modelo da seção sobre a filosofia

---

**Filosofia**

[escola] foi criada com base a filosofia que [inserir a filosofia da escola aqui].

Nosso atendimento é fundamentado em uma atitude de carinho que se expressa pelo:

- respeito a cada criança e suas habilidades;
- estímulo ao desenvolvimento intelectual, social, físico e emocional;
- desenvolvimento de atitudes positivas por meio de experiências positivas.

Para sustentar nossa filosofia:

- empregamos e treinamos uma equipe de profissionais qualificados com aptidões especiais necessárias para trabalhar com crianças pequenas;
- desenvolvemos metas programáticas para cada faixa etária e proporcionamos às crianças o apoio necessário para atingir essas metas;
- mantemos instalações claras, convidativas e alegres, com espaço amplo para grupos pequenos e bem supervisionados;
- [Atividades complementares para sustentar a filosofia e o objetivo da escola].

Os currículos da [escola] são elaborados com base nos conceitos educacionais e técnicas de aprendizagem mais recentes. Reunimos o melhor de diferentes escolas de pensamento e aplicamos nosso conhecimento para desenvolver um currículo que promova a aprendizagem de todas as crianças.

---

## Modelo da seção sobre o corpo docente

---

**Docentes**

Temos muito orgulho de nossa equipe de profissionais, suas qualificações, credenciais e capacidade de trabalhar em conjunto para manter um ambiente seguro, estimulante e produtivo para seu filho.

A [escola] tem orgulho de contar com uma equipe de educadores com nível superior. São todos graduados em Pedagogia. Além disso, cada professor recebe treinamento especial da [escola] antes de trabalhar com as crianças. Os professores da [escola] também participam de diversas aulas de formação continuada todos os anos. Os professores são designados a faixas etárias específicas com base em seu interesse e experiência para garantir educação e cuidados de alta qualidade para seu filho.

---

**Atividade 5.4** Personalizar a seção referente ao corpo docente

Empregue o modelo anterior para elaborar uma seção referente ao corpo docente que atenda às necessidades da sua escola de educação infantil.

**Atividade 5.5** Determinar suas metas e seus objetivos

A lista fornecida na página 71 abrange uma diversidade de metas e objetivos. Ela pode ser utilizada como ponto de partida para determinar as metas e os objetivos que melhor se adaptam à sua escola. Deve-se avaliar cada ponto de acordo com a aplicabilidade à sua instituição, aos currículos e à filosofia. Solicite às famílias e aos membros da equipe para fazer o mesmo. É possível usar essas informações para montar uma lista de metas e objetivos exclusivos de sua escola.

A seção introdutória deve ser concluída com uma lista de suas metas principais e de seus objetivos. Deve-se informar às famílias o que podem esperar que seus filhos aprendam enquanto estão sob seus cuidados. Certifique-se de que as metas e os objetivos incluídos na lista sejam abrangentes o suficiente para serem aplicáveis a diversas faixas etárias.

Sua introdução deve fornecer às famílias uma base sólida de quem você é e no que acredita. Leve as famílias a saberem tomar a decisão certa ao confiar seus filhos à sua escola.

## Políticas e procedimentos

As políticas e os procedimentos parecem ter vida própria. Não é preciso estar no ramo há muito tempo para perceber quanto essa infraestrutura será crucial para seu negócio. É necessário explicar exatamente o que as famílias podem esperar e o que a escola espera deles. Ao desenvolver o manual, tente antecipar problemas potenciais antes que surjam. Uma das seções mais importantes de suas políticas e procedimentos é a seção referente aos Planos e Procedimentos de Emergência. Os pais precisam se sentir seguros de que, caso surja uma emergência, a escola possui planos definidos para garantir a segurança permanente de suas crianças.

Políticas e procedimentos provavelmente será a seção mais utilizada de seu manual. Para que ela seja completa deve responder a muitas das perguntas mais comuns dos pais. Seu manual será muito mais útil como um lembrete escrito às famílias do que se pode esperar e, em troca, do que se espera delas.

CHEGADAS E PARTIDAS. O dia começa com a chegada das crianças, e nesse ponto é que sua seção de políticas e procedimentos deve ter início. A chegada e a partida devem ser uma transição fácil, pois as famílias não querem deixar seus filhos em um ambiente caótico. Ajude as crianças e suas famílias a começar o dia de forma tranquila por meio de um procedimento bem-definido.

Aqui estão alguns pontos que precisam ser abordados na seção Chegadas e Partidas:

- Qual é o horário de funcionamento? Defina, de forma clara, o horário de abertura e fechamento de sua escola.

- Explique a necessidade da chegada e da saída no horário. A experiência mostra que as crianças ficam mais tranquilas quando chegam e partem no horário certo.

- Sua escola reserva-se o direito de interromper o serviço prestado a qualquer família devido a atrasos crônicos na hora da entrada e da saída? Em caso afirmativo, especifique isso.

- Descreva quaisquer medidas de segurança (registros de presença, códigos de segurança, etiquetas de nomes etc.) que são praticadas para manter as crianças seguras enquanto estão sob seus cuidados. Explique como esse aspecto vai afetar os procedimentos de entrada e de saída.

- Quem é responsável por retirar os agasalhos das crianças e levá-las até a sala de aula? Se esta for uma responsabilidade dos pais, certifique-se de deixar isso claro.

- As crianças são autorizadas a levar almoço de casa para comer na escola?

- Onde devem ser guardadas a comida e as roupas extras? Há algum padrão especial de identificação com etiquetas?

- Enfatize a importância das partidas rápidas. Algumas famílias podem não perceber que os professores têm outra classe para a qual se preparar.

- Informar, de forma clara, qual será a multa em caso de atraso na saída (por exemplo, R$ 10,00 para cada 15 minutos ou fração desse tempo que uma criança permanece na escola após seu período de aula).

- Que tipo de notificação é necessária para alguém, que não seja um dos pais, buscar uma criança na escola? Será suficiente um telefonema ou é necessária uma permissão por escrito? A pessoa que buscará a criança precisa apresentar uma identificação adequada para a escola?

- O que se espera das famílias que trarão irmãos até a escola no horário de entrada ou de saída? É permitido que estes brinquem com os equipamentos da escola? Os professores são responsáveis por monitorar o comportamento dos irmãos?

- As crianças podem entrar sozinhas na escola ou devem ser acompanhadas?

- Há considerações especiais quanto ao estacionamento que precisam ser abordadas?
- Qual é o procedimento para uma criança esquecida na escola? Quantas pessoas ficarão para acompanhar uma criança que foi esquecida na escola? Como a instituição tentará entrar em contato com a família ou os contatos de emergência? Em que ponto a criança será encaminhada às autoridades locais?

## Modelo de metas e objetivos

| Meta ou objetivo da escola | Muito Importante | Importante | Neutro | Menos importante | Não é importante |
|---|---|---|---|---|---|
| Cuidar de todas as crianças em um ambiente acolhedor, protetor e atencioso. | | | | | |
| Reforçar a herança cultural de cada criança através da música, literatura, poesia e artesanato em feriados e datas comemorativas adequados. | | | | | |
| Demonstrar que cada criança é uma pessoa especial. | | | | | |
| Atender às necessidades físicas de cada criança. | | | | | |
| Proporcionar o desenvolvimento, em cada criança, de um sentimento de autonomia e autorrespeito. | | | | | |
| Estabelecer o respeito pelos outros e seus pertences. | | | | | |
| Desenvolver a coordenação motora grossa e fina através de brincadeiras internas e externas. | | | | | |
| Proporcionar oportunidades de aprendizagem e interação social, estimulando atividades diárias. | | | | | |
| Introduzir arte, ciência, estudos sociais, conceitos de matemática, prontidão de leitura, dramatização, atividades de manipulação, linguagem, música e movimento. | | | | | |
| Acompanhar o desenvolvimento de cada criança e fornecer relatórios regulares de progresso para os pais. | | | | | |
| Permitir que todas as crianças conheçam pessoas, costumes e culinária de outras culturas. | | | | | |
| Desenvolver em cada criança a valorização da beleza e da natureza. | | | | | |
| Incentivar o envolvimento dos pais. | | | | | |
| Promover o crescimento intelectual e emocional. | | | | | |
| Incentivar a comunicação aberta e honesta. | | | | | |
| Criar um sentimento de independência e confiança na criança através do domínio de suas competências para a vida. | | | | | |
| Os professores são pessoas envolventes, que colocam os interesses das crianças em primeiro lugar. | | | | | |
| A equipe é capaz de adequar o programa diário para atender às necessidades e aos interesses especiais das crianças. | | | | | |

Classificação por importância

MATRÍCULA.[2] A matrícula em uma escola de educação infantil pode ser muito mais complicada e burocrática do que muitas famílias esperam. Por isso, essa seção do manual visa abordar o que se espera das famílias antes do primeiro dia de aula de seu filho, impedindo assim que a falta de documentos comprometa essa experiência. Ajude as famílias a se preparar adequadamente, fornecendo-lhes uma lista dos itens que devem entregar antes do primeiro dia de aula.

Os itens a seguir devem ser incluídos nessa seção:

- O que é necessário antes do primeiro dia de aula?

  — formulário de matrícula devidamente preenchido;

  — carteirinha de vacinação atestando que a criança tomou todas as vacinas necessárias e atestado médico que comprove que passou por exame físico nos últimos doze meses (esse atestado deve ser assinado por um médico);

  — termos de consentimento assinados;

  — taxa de matrícula não reembolsável para o primeiro ano (é possível incluir também a taxa de matrícula para os anos seguintes, se houver diferença).

- As famílias serão informadas de que o atestado de exame físico está prestes a expirar?

- Como as famílias devem informar à escola se houver alguma alteração nas informações de contato?

- Existe um período de adaptação para todas as crianças? Em caso afirmativo, de quanto tempo é esse período e o que acontece ao final dele?

- A escola reserva-se o direito de interromper os serviços prestados a qualquer família, a critério da administração, devido a problemas, por exemplo, de pagamento, familiares, de comportamento por parte da criança, de atrasos na entrada ou na saída (ou antes do horário), ou mesmo trazer crianças doentes para a escola e assim por diante?

PROCEDIMENTOS DE DISCIPLINA. Os procedimentos de disciplina podem variar muito de família para família. Antes de matricular uma criança em sua escola, as famílias devem entender e concordar com a política disciplinar. Forneça exemplos claros dos tipos de disciplina que podem ser aplicados a uma criança na escola. É necessário também especificar que tipos de disciplina não serão empregados na escola. Lembre-se de que o que estiver por escrito deve ser seguido sempre da mesma maneira por todos os membros de sua equipe.

PLANOS E PROCEDIMENTOS DE EMERGÊNCIA. Essa seção do manual é uma das partes às quais se deve dedicar mais tempo. É necessário ter planos que não sejam apenas bem elaborados, mas que também sejam práticos, devido ao ambiente físico de uma escola. Antes de colocar um procedimento de emergência em caso de incêndio no papel, é importante praticá-lo em sua instituição. Às vezes, os planos mais sólidos dão errado quando colocados em ação. Seus planos e procedimentos de emergência

---

[2] Quando se tratar de instituições públicas de educação infantil, devem ser observadas as orientações de matrícula fornecidas pelos órgãos públicos a que tais instituições estejam vinculadas. (NRT)

devem ser lidos, discutidos e entendidos tanto pelas famílias como pelos membros da equipe. Quando há uma emergência, o interessante é que o procedimento seja uma reação automática, uma vez que o calor do momento não é a hora adequada para que surjam questionamentos. São necessários planos de emergência para, pelo menos, três situações: em caso de incêndio, ferimentos leves e graves em uma criança. Dependendo da localização da escola, pode ser necessário também desenvolver planos para o caso de desastres naturais, como enchentes e deslizamentos. Veremos, adiante, os três principais tipos de emergências com mais detalhes.

**Atividade 5.6** Personalizar a seção de procedimentos de disciplina

Empregue o modelo a seguir para elaborar uma seção sobre disciplina que atenda às necessidades da sua escola.

## Modelo da seção de procedimentos de disciplina

---

**Procedimentos de disciplina**

A política de disciplina da [Escola] segue as diretrizes da apresentada em *Sete Procedimentos de Disciplina* (*Seven Procedures of Discipline*), de Jennifer Birckmayer (*Discipline Is Not a Dirty Word*. Nova York: Cornell Cooperative Extension, 1995).

1. Diga às crianças o que elas podem fazer e não aquilo que não podem.

2. Proteja e preserve os sentimentos das crianças, mostrando que são amáveis e capazes.

3. Ofereça escolhas às crianças somente quando estiverem dispostas a respeitar as próprias decisões.

4. Mude o ambiente em vez do comportamento da criança.

5. Trabalhe com as crianças, em vez de ir contra elas.

6. Dê às crianças os limites de segurança que possam compreender. Reconheça seus sentimentos sem aceitar suas ações. Mantenha  sua autoridade com calma e de forma consistente. Se as crianças quebram as regras, permita que sofram as consequências de seu comportamento.

7. Dê um bom exemplo. Fale e aja somente da maneira que deseja que as crianças falem e ajam.

Essas diretrizes fornecem uma estrutura para garantir situações disciplinares eficazes com as crianças. Embora cada situação disciplinar seja única, um exemplo de métodos aceitos inclui:

1. Dizer à criança que não gosta do que ela está fazendo e o porquê.

2. Afastar o brinquedo (por exemplo) da criança.

3. Redirecionar a criança para um brinquedo ou atividade diferente.

4. Afastar a criança do grupo (mas dentro do campo de visão do professor), até que esteja pronta para se juntar ao grupo novamente e seguir as regras.

5. Quando uma criança é retirada do grupo, ela deve ficar isolada por um minuto correspondente a cada ano de sua idade. Após esse tempo, o professor conversará com a criança e sugerirá que retorne ao grupo.

6. Nossa política foi desenvolvida para ensinar às crianças como:

   A. usar as palavras;

   B. se afastar;

   C. pedir ajuda.

---

## Modelo da seção de procedimentos de disciplina (*continuação*)

A escola não emprega, e não empregará, qualquer um dos procedimentos disciplinares descritos a seguir:

1. Tom áspero ou abusivo de voz com as crianças.

2. Castigos físicos, incluindo surras, palmadas, sacudidas ou agarrar à força.

3. Qualquer punição que humilhe, amedronte ou submeta uma criança à negligência.

Contenção física não será usada, a menos que seja necessário para proteger a segurança e a saúde da criança ou dos demais.

ALARMES CONTRA INCÊNDIO. O som de um alarme de incêndio é um barulho assustador, tanto para adultos como para crianças. Sua escola deve dispor de um plano de emergência em caso de incêndio, que deve ser praticado regularmente. Assim, no caso de um incêndio real, tanto as crianças quanto os funcionários estarão preparados. Nessa situação, uma preparação cuidadosa pode realmente fazer a diferença entre a vida e a morte. Sua política de emergência em caso de incêndio deve abordar:

- Com que frequência são praticadas simulações de incêndio na escola?
- As famílias serão informadas com antecedência sobre uma simulação de incêndio?
- Como as crianças são ensinadas a reagir em uma simulação de incêndio? A maioria das escolas tem um sistema de seis passos, como o que está listado a seguir.
- Qual membro da equipe será responsável por verificar os banheiros e todas as outras áreas para garantir que todas as crianças estão em segurança do lado de fora?
- Se o fogo ainda não acionou o alarme, quem será responsável por informar aos bombeiros?
- Foi estabelecida uma área de resgate de emergência em um posto de corpo de bombeiros ou delegacia de polícia local?
- Se os funcionários não forem capazes de recuperar os membros de contato de emergência antes de deixar o prédio, algum membro da equipe permanecerá no local para encaminhar as famílias para uma área de resgate de emergência?

SISTEMA DE SIMULAÇÃO DE INCÊNDIO.

1. Ouça as instruções do professor.
2. Entre em fila imediatamente perto da porta e permaneça em silêncio.
3. Pare o que estiver fazendo e siga o professor para fora da sala, sem casacos, brinquedos ou guarda-chuvas.
4. Saia do prédio pela saída mais próxima (as saídas devem estar sempre claramente identificadas).
5. Afaste-se o máximo possível do prédio, seguindo o professor até um ponto de encontro seguro.
6. O professor fará uma chamada para garantir que todas as crianças sejam contadas.

**FERIMENTOS EM CRIANÇAS.** Quando se trabalha com crianças, machucados ocasionais são inevitáveis. Seu manual deve descrever para as famílias como esses ferimentos, leves e graves, são tratados em sua escola. Desde um joelho arranhado até um braço quebrado ou pior, é preciso assegurar às famílias que a escola e os funcionários estão preparados para responder às necessidades das crianças.

> **Atividade 5.7** Personalizar a seção sobre tratamento de ferimentos
>
> Empregue o modelo fornecido a seguir para elaborar uma seção sobre tratamento de ferimentos que atenda às necessidades da sua escola.

## Modelo de seção sobre tratamento de ferimentos

---

**Procedimento em caso de ferimentos leves em uma criança**

- Uma pessoa da equipe com certificado em primeiros socorros pela Cruz Vermelha[3] estará presente em todos os momentos.

- Serão administrados primeiros socorros (ou seja, lavar a superfície da pele, fazer pequenos curativos etc.) pelo professor da criança ou pela enfermeira da escola.

- Um Formulário de Tratamento de Emergência será preenchido pelo professor da criança ou pela enfermeira da escola e assinado pelo professor responsável. Esse formulário vai para casa com a criança e fornecerá detalhes sobre o ferimento sofrido e o tratamento administrado.

- Dependendo da gravidade da lesão, a família da criança será chamada imediatamente para levá-la a um médico.

- O professor da criança ou a enfermeira da escola permanecerá com a criança e continuará a aplicar os primeiros socorros, quando necessário.

**Procedimento em caso de ferimentos graves em uma criança**

- Um funcionário com certificado em primeiros socorros, a enfermeira da escola, e/ou o professor permanecerão com a criança e aplicarão os primeiros socorros adequados.

- Uma segunda pessoa da equipe ou o diretor chamará a ambulância, buscará o arquivo da criança e ligará para a família e para os contatos de emergência autorizados.

- O professor da criança e/ou a pessoa responsável acompanha a criança na ambulância até o hospital. O arquivo do aluno também deve ser levado para o hospital.

- O pai ou uma pessoa de contato de emergência autorizada se encontrará com o professor no hospital para autorizar o tratamento da criança. Há um consentimento assinado para o tratamento no arquivo da criança, caso não seja possível contatar um dos pais ou a pessoa de contato.

---

**INTEMPÉRIES.** Embora seja feito o melhor para fornecer às famílias uma grande quantidade de avisos prévios sobre os dias em que a escola estará fechada, é provável que o mau tempo possa forçar o diretor a tomar decisões rápidas. Seu manual deve conter uma seção que descreva como as famílias serão notificadas em caso de fe-

---

[3] No Brasil, é possível solicitar ao Corpo de Bombeiros orientações sobre primeiros socorros. (NRT)

chamento devido a condições meteorológicas severas. Sua política em caso de intempéries deve incluir:

- Como as famílias serão informadas sobre o fechamento devido ao mau tempo? Essa informação será transmitida via rádio ou televisão?
- Sua escola seguirá o cronograma de fechamento das escolas públicas?
- Como as famílias serão informadas, caso a decisão de fechar ocorrer enquanto o dia letivo estiver em andamento?
- Se a escola não conseguir entrar em contato com a família de uma criança e a remoção das crianças da instituição é considerada necessária, como a criança será transportada para o centro de emergência?
- Como as famílias serão informadas se as crianças foram removidas da escola?
- Os mesmos procedimentos serão seguidos em caso de emergências declaradas pela defesa civil?

VISITAS DE FAMILIARES. Suas famílias contarão com sua equipe para fornecer um retorno sobre o desenvolvimento intelectual e social de seus filhos. Seu plano para manter as famílias informadas deve ser descrito nesta seção. As famílias devem saber com que frequência elas podem esperar que ocorram reuniões de pais e mestres e que outros métodos serão utilizados para mantê-los informados sobre as atividades diárias na escola. Boletins, caixas de correspondências, quadros de avisos e cronogramas semanais são ferramentas úteis de comunicação.

CRIANÇAS DOENTES. Muitas famílias podem ter dúvidas relacionadas a quando é apropriado trazer uma criança que não está se sentindo bem para a escola. É importante para a saúde e o bem-estar de todos que crianças com doenças transmissíveis permaneçam em casa até que se recuperem. A definição de uma "criança doente" pode ser variável dependendo da família, por isso é importante incluir na seção sobre os procedimentos, em caso de criança doente, sintomas que indiquem que uma criança deve permanecer em casa. Além disso, é importante para pôr em prática um plano de segurança para acomodar os medicamentos vendidos no balcão ou aqueles com prescrição médica que uma criança em recuperação possa precisar trazer para a escola.

NUTRIÇÃO. As crianças em fase de crescimento precisam comer alimentos nutritivos regularmente a fim de atingir seu pleno potencial. Dependendo da duração das atividades diárias, talvez seja necessário alimentar as crianças com lanches a intervalos determinados durante o dia. Sua escola também pode estar equipada para fornecer refeições completas no lugar dos almoços enviados pelas famílias. Seu manual deve descrever como lanches, almoços e aniversários são tratados em sua instituição. Pode-se usar essa seção para fazer referência às Diretrizes para a pirâmide alimentar para as crianças e dar um exemplo de como seria um almoço com base nessas diretrizes.

MENSALIDADES. Para manter o alto padrão e a qualidade de sua escola, é necessário um calendário de mensalidades ao qual as famílias estejam dispostas a aderir. A mensalidade pode ser um investimento substancial para as famílias e, por isso, é importante respeitar essa situação e fornecer vários avisos antes de aumentar as mensalidades ou alterar o calendário de pagamentos. Algumas questões que precisam ser abordadas na seção Cronograma de Pagamentos do manual são:

- As famílias devem estar cientes do dia de vencimento da mensalidade, bem como as multas por atraso nos pagamentos.
- Qual é a política da escola em relação ao crédito para os dias perdidos devido a doença ou férias?
- Quais são os métodos de pagamento aceitáveis?
- Com quem a família deve conversar caso tenham uma dúvida ou preocupação em relação à sua fatura da mensalidade?

**Atividade 5.8** Personalizar a seção de procedimentos em caso de criança doente

Empregue o modelo fornecido a seguir para elaborar uma seção de Procedimentos em caso de Criança Doente que atenda às necessidades da sua escola.

## Modelo da seção de procedimento em caso de criança doente

---

**Procedimentos para crianças doentes**

Para a saúde e a segurança de todos, é obrigatório que crianças doentes não sejam encaminhadas para a escola. Se seu filho apresentar algum dos sintomas a seguir durante a noite, ele não será admitido na manhã seguinte para a segurança das outras crianças.

- febre superior a 37,8 °C;
- vômito;
- diarreia;
- olhos cor-de-rosa com secreção;
- tosse com congestão e secreção nasal em excesso.

A escola deve ter uma política definida quanto ao retorno de uma criança doente:

- sem febre por 24 horas;
- catapora: uma semana após o início (ou quando as lesões formarem crostas);
- infecção na garganta: 24 horas após a medicação inicial;
- vômito/diarreia: 24 horas após o último episódio;
- conjuntivite: 24 horas após a medicação inicial ou quando não houver secreção.

Crianças que necessitam de medicação contínua para determinada doença, depois de serem capazes de retornar em segurança para a escola, receberão a medicação, desde que:

- um formulário de medicação autorizado for preenchido pelo médico da criança e assinado pelo pai ou responsável;
- a medicação estiver em sua embalagem original, com a etiqueta da prescrição intacta;
- medicações vendidas sem receita devem apresentar um formulário assinado pela família e pelo médico da criança para que a escola administre os medicamentos.

As medicações são administradas pela enfermeira ou por membros autorizados da equipe que tenham concluído algum curso na área de saúde.

---

## Currículo

A sociedade atual quer que suas crianças aprendam. As famílias sentem-se confortáveis sabendo que há mais coisas acontecendo no dia de seus filhos do que apenas brincar. Ao incluir esta seção em seu manual, é possível ilustrar que o dia letivo de uma criança envolve tanto a aprendizagem como o divertimento enquanto ela está na escola. Isso não somente deixará suas famílias tranquilas, mas também permitirá a seus professores saberem o que é esperado deles.

Seu currículo é essencial para o funcionamento diário da escola. Assim como não se iniciaria uma aventura através do país sem um mapa, nenhuma escola pode esperar que as crianças aprendam, de forma eficaz, sem um currículo bem desenvolvido. Seu currículo deve ser elaborado especificamente para atender às necessidades educacionais e de desenvolvimento de cada faixa etária atendida em sua instituição. Uma vez que as necessidades dos alunos da educação infantil diferem significativamente das necessidades dos alunos do ensino fundamental, deve-se considerar o desenvolvimento de seções separadas para cada faixa etária.

Todas as seções relacionadas a currículos por faixa etária devem incluir informações sobre o nível normal de desenvolvimento social e emocional apresentado pela faixa etária em questão, objetivos do currículo, áreas de ensino e amostra de uma programação diária. A comunicação do currículo às famílias é discutida em detalhes no Capítulo 6.

## Extras

O que sua creche oferece que a diferencia das outras escolas da região? Esses "extras" devem ser apresentados com orgulho em seu manual. Programas extracurriculares, tais como ginástica, tutoria, aulas de arte ou dança, devem ser descritos nessa seção. Também é importante incluir informações relativas às necessidades de matrícula e pagamento de mensalidade para esses programas.

Sua escola oferece acampamento de férias? Em caso afirmativo, não deixe de incluir informações sobre os passeios, os programas e as oportunidades estimulantes que permitem às crianças aproveitar ao máximo a experiência do acampamento de férias. Muitas famílias veem os meses de férias como um tempo para relaxar e se divertir, e seu currículo deve ser ajustado de acordo com a ocasião.

Sua escola organiza atividades para tornar a comunidade um lugar melhor para todos? Se assim for, não se esqueça de incluir os detalhes dos programas nos quais estão envolvidos ou associados.

Por fim, aqui vai uma dica sobre como obter o máximo de utilização de seu manual. O manual deve ser desenvolvido visando o futuro. As informações devem "passar pelo teste do tempo". Foi provavelmente investida grande quantidade de tempo e dinheiro na elaboração e impressão desse manual e, por isso, deve-se tirar o máximo partido do seu investimento, garantindo que ele possa ser utilizado nos próximos anos. Evite fazer referências específicas a funcionários ou programas, pois isso pode mudar com frequência. Evite também inserir datas no manual ou será forçado a atualizá-lo anualmente. Certifique-se de que todas as políticas e todos os procedimentos foram bem analisados antes de colocá-los por escrito. Uma vez que suas famílias tenham por escrito o que podem esperar, será muito difícil alterar a política. Leve sua equipe a ler o manual e forneça retorno e sugestões. É necessário que eles acreditem no material apresentado no manual para que uma imagem unificada às famílias seja apresentada. Uma alternativa é pedir a algumas famílias que leiam o manual antes de ser finalizado. Pergunte a eles se o manual atende às suas necessidades. Afinal, este é o público-alvo para o qual foi elaborado.

## Relatório de progresso de comunicação

| Habilidade ou tarefa | Alcance das habilidades | | |
| --- | --- | --- | --- |
| | QUASE SEMPRE | HABILIDADES EMERGENTES | A MELHORAR |
| Posso identificar meus cinco públicos. | ☐ | ☐ | ☐ |
| A introdução dá as boas-vindas ao leitor que deseja saber mais sobre a escola. | ☐ | ☐ | ☐ |
| Sua filosofia está claramente expressa e reflete o que é mais importante para a escola e sua equipe. | ☐ | ☐ | ☐ |
| Os talentos de sua equipe são destacados na seção sobre o corpo docente. | ☐ | ☐ | ☐ |
| As metas e os objetivos da sua escola refletem o ambiente único que ela oferece. | ☐ | ☐ | ☐ |
| As políticas e os procedimentos são explicados para as ocorrências diárias, como a chegada, almoço e disciplina. | ☐ | ☐ | ☐ |
| Os planos para situações de emergência são bem analisados e completos. | ☐ | ☐ | ☐ |
| Os funcionários e professores são adequadamente treinados quanto a todos os procedimentos e todas as políticas, incluindo aqueles importantes em situações de emergência. | ☐ | ☐ | ☐ |
| Bons resumos foram fornecidos para cada currículo específico por faixa etária. | ☐ | ☐ | ☐ |
| Um exemplo de uma programação diária foi incluído, para que as famílias possam identificar as prováveis atividades das quais seus filhos participarão durante parte do dia. | ☐ | ☐ | ☐ |
| As atividades extras oferecidas pela escola foram explicadas. | ☐ | ☐ | ☐ |
| O manual foi concebido para excluir referências a itens específicos que mudam frequentemente. | ☐ | ☐ | ☐ |
| O manual foi revisado e criticado, tanto pela equipe como pelas famílias, antes de sua impressão, para garantir que suas necessidades foram atendidas. | ☐ | ☐ | ☐ |

# Uso de folhetos e boletins para manter seu público informado

capítulo 6

## Pontos-chave:

- Como determinar o tipo de informação comunicado de forma mais eficaz por meio de folhetos ou boletins.
- Como fornecer os materiais aos funcionários, aos professores e às famílias em um pacote abrangente de boas-vindas.
- Como estruturar os materiais para que tenham caráter informativo, sem que sejam enfadonhos.

Ainda que o manual contenha informações essenciais para o funcionamento da sua escola de educação infantil, somente ele não é suficiente para comunicar todas as políticas e todos os eventos. Para manter as famílias devidamente informadas, será necessário usar uma série de folhetos e/ou boletins informativos. Embora tanto os folhetos como os boletins informativos sejam formas de comunicação escrita, eles diferem em seu conteúdo e em sua finalidade. A tabela a seguir esclarece as diferenças entre esses dois tipos de documentos.

**Diferenças entre folhetos e boletins informativos**

| | Folheto | Boletim informativo |
|---|---|---|
| Finalidade da comunicação | Informações importantes sobre as políticas e os procedimentos. | Informações sobre o que aconteceu na escola e eventos futuros. |
| Aplicabilidade | Normalmente, aplicam-se a todas as famílias da escola de educação infantil. | Normalmente, aplicam-se apenas a grupos ou programas específicos. |
| Necessidade de atualização | Vida útil relativamente longa; exigirá avaliação anual, mas não necessariamente uma revisão. | Vida útil relativamente curta; exigirá adequações semanais ou mensais para se manter atualizado. |
| Apresentação do documento | Apresentados profissionalmente, por meio de carta formal ou outro formato estruturado. | Enfoque criativo, podendo ser manuscrito. |
| Inclusão no manual | Também pode abordado brevemente no manual. | Não deve ser incluído no manual devido à natureza transitória das informações. |
| Relação com as regulamentações estaduais | Podem ser informações que o Estado exige que sejam divulgadas ou publicadas, ou informações relacionadas a certificações nacionais. | Sua divulgação não é exigida pelo Estado como fator de licenciamento, pois não é necessário que sejam publicado. |
| Exemplos | Declaração de Política com Uma Página, Política do Amendoim, Política sobre Abuso e Negligência Infantil, Procedimentos de Emergência, Políticas de Confidencialidade dos Funcionários. | Programação de eventos semanais, Alertas de saúde, Lembretes de mensalidades, Boletins informativos do diretor. |

## Folhetos

É importante observar que não há uma distinção absoluta entre o que é um folheto e o que é um boletim informativo. Informações que uma escola de educação infantil considera serem mais bem transmitidas por meio de um folheto podem ser vistas por outra mais apropriadas a um boletim informativo. Desde que a informação seja devidamente comunicada a seu público, não há necessidade de estender a tarefa de diferenciação entre os dois tipos de comunicação escrita. Primeiro, discutiremos uma série de folhetos, inclusive a Declaração de Política de Uma Página, a Política do Amendoim, a Política sobre Abuso e Negligência Infantil, Procedimentos de Emergência e Políticas de Confidencialidade dos Funcionários, antes de voltarmos nossa atenção para os tipos de boletins informativos.

## Declaração de política de uma página

Os folhetos podem servir a diversos propósitos: podem informar às famílias sobre políticas não abordadas no manual e emendas de revisão das políticas anteriormente apresentadas no manual ou por algum outro meio, ou servir como lembretes de políticas atuais importantes. Quanto mais informados os pais estiverem sobre os procedimentos e as políticas da escola, menos provável será a ocorrência de conflitos a respeito dessas áreas. No entanto, a publicação e a distribuição de declarações de políticas específicas são mais que um bom negócio: também são leis. Todos os estados do país possuem regras e regulamentações específicas que devem ser atendidas para que uma escola seja licenciada. Partes das regulamentações estaduais referem-se às políticas das escolas e à divulgação dessas políticas às suas famílias. Uma vez que cada estado é único, é bastante normal exigir que uma escola licenciada mantenha políticas gerais de funcionamento. Essas políticas devem estar por escrito e serem revisadas anualmente. Em geral, as escolas de educação infantil são obrigadas a ter políticas de funcionamento que incluam, mas não estejam limitadas a:

- admissão, incluindo histórico de saúde e a idade das crianças matriculadas;
- contratos com os pais;
- envolvimento dos pais;
- políticas de medicamento, se cabível;
- conteúdo e horários de refeições e lanches;
- período de matrícula provisória;
- dias e horários de funcionamento, incluindo dias de afastamento por doença, feriados e férias;
- retirada das crianças;
- acesso ao programa e às instalações.

Algumas dessas políticas foram abordadas no manual, mas incluir todas tornaria a leitura muito enfadonha. Em vez disso, os pais podem ser informados sobre essas políticas por meio de um folheto de declaração de política com uma única página. O folheto deverá conter todas as políticas exigidas pelo Estado, bem como quaisquer políticas padrão adicionais de funcionamento da escola. O folheto de uma página não é o meio adequado para as políticas longas, como a Política de Abuso e Negligência Infantil ou o Plano de Procedimento de Emergência. Políticas que exigem uma reflexão aprofundada serão apresentadas em folhetos separados.

**Atividade 6.1** Criação de uma declaração de política com apenas uma página

Usando o modelo disponível a seguir, crie uma declaração de política de uma página que inclua todas as políticas gerais de funcionamento necessárias. Algumas das políticas encontradas na declaração de política de uma página também podem ser abordadas no manual.

## Modelo de declaração de política de uma página

### Declaração de Política da [Nome da escola]

Dedique um momento para se familiarizar com a Declaração de Política da [Escola]. Foram adotados regulamentos para atender aos requisitos específicos, visando manter a autorização de funcionamento da escola de educação infantil e proporcionar uma educação da melhor qualidade. Faça perguntas sobre qualquer disposição caso tenha dúvidas quanto à sua intenção.

1. Horário de funcionamento: das 7 horas às 18 horas, de segunda à sexta-feira. Aceitaremos as crianças matriculadas, a qualquer momento, após as 7 horas.

2. Uma ficha médica preenchida atualizada (renovada anualmente) de todas as crianças deve estar sempre disponível. O departamento de saúde estadual exige que todos os atestados sejam assinados por um médico e informe que a criança foi imunizada contra a pólio, difteria, coqueluche, tétano, sarampo, caxumba e rubéola.[1]

3. Em caso de mau tempo, ligue para a escola antes de levar seu filho para a instituição.

4. Crianças que apresentarem febre, vômito ou diarreia durante a noite não serão admitidas na escola na manhã seguinte para a segurança dos outros alunos. Se uma criança ficar doente durante o dia, notificaremos aos pais para que possam buscá-la o mais rápido possível. Somente pessoas com nomes listados na ficha de emergência poderão apanhar a criança. Se uma criança não comparecer por motivo de doença, ainda assim o pagamento deverá ser realizado.

5. Se for necessário medicar uma criança durante o dia escolar, um Formulário de Autorização de Medicação deve ser assinado pelo médico e pelos pais da criança. Os formulários estão disponíveis na secretaria.

6. Todos os pagamentos devem ser feitos à escola. O vencimento dos pagamentos para todos os níveis em geral ocorre no primeiro dia da semana (ou do mês).

7. A anuidade para a escola em tempo integral baseia-se na quantidade total de dias corridos do ano letivo. As mensalidades representam uma taxa anual dividida em dez pagamentos mensais.

8. A taxa de matrícula não reembolsável de R$ 75,00 cobre os custos com materiais, livros e seguro de responsabilidade civil, sendo cobrada para todas as crianças no primeiro ano em que são matriculadas. Posteriormente, a taxa passa a ser de R$ 50,00.

9. Em todas as lancheiras deve haver uma embalagem térmica, independentemente do conteúdo. A escola fornece leite pela manhã e à tarde. Se a criança precisa de alimentação especial, os pais são obrigados a fornecer esse alimento. Ocasionalmente, serão oferecidos lanches especiais para aniversários e atividades. Não se esqueça de nos informar sobre qualquer alergia alimentar ou considerações dietéticas especiais.

10. A escola detém o direito de interromper, a seu critério, os serviços prestados a qualquer família. Isso inclui, mas não está limitado a problemas de pagamento, problemas com os pais e levar crianças doentes para a escola.

11. Os pais são bem-vindos para visitar as instalações a qualquer momento durante o horário de funcionamento.

12. Artigos/alimentos das crianças devem ser identificados. Não nos responsabilizamos por itens perdidos ou quebrados.

13. Em nenhum momento, qualquer criança será submetida a castigos físicos ou punição verbal humilhante. A disciplina será aplicada discutindo-se o problema com a criança. Se necessário, ela pode ser disciplinada por meio de uma separação temporária das outras crianças e das atividades. No entanto, ela nunca será afastada dos cuidados de um professor ou de uma assistente.

14. Será aplicada uma taxa de R$ 10,00 por atraso a cada 15 minutos, ou uma parte do valor, para qualquer criança deixada na escola após o fechamento às 18 horas. Se for se atrasar, por favor, nos avise. Se o professor não conseguir entrar em contato com ninguém para buscar a criança, e esta permanecer na escola até as 20 horas, será considerada abandonada e a polícia será notificada.

15. Pedimos aos pais que comuniquem seus planos de tirar a criança da escola com, no mínimo, duas semanas de antecedência.

16. Caso seu filho não vá comparecer à escola por motivos de doença, férias ou um visitante especial, por favor, avise-nos. Ficamos ansiosos para receber seu filho e agradecemos a comunicação de que ele se ausentará.

17. Estão previstos passeios externos educativos e divertidos durante o ano. Espera-se que as crianças possam participar. Como a equipe acompanha os passeios, não podemos fornecer assistência para as crianças que não participarem.

18. Os alunos devem conseguir usar o banheiro sozinhos antes de iniciar o ano letivo. Pedimos que os alunos não usem fraldas descartáveis. Cuecas e calcinhas são muito mais fáceis para os alunos manipularem sozinhos. Entendemos que, às vezes, os pequenos não conseguem controlar bem "suas vontades".

---

[1] No Brasil, as escolas de educação infantil devem recorrer aos órgãos aos quais estão vinculadas para ter acesso às exigências relativas às questões médicas e de vacinação das crianças. (NRT)

**QUANDO A COMUNICAÇÃO É INTERROMPIDA**

FAMÍLIA: "Meu filho estava muito animado para levar seu Barney de pelúcia novo para mostrar aos colegas de classe no dia do brinquedo. Ele acabou de me dizer que o brinquedo teve de ficar em seu armário durante todo o dia. Por quê?"

PROFESSOR: "Sinto muito, mas várias crianças em nossa escola "pegaram" piolhos e eu não poderia permitir que qualquer bicho de pelúcia proveniente de casa entrasse na sala de aula".

FAMÍLIA: "Está insinuando que os piolhos vieram da minha casa? Com essa insinuação, você me ofende!"

RESULTADO: O membro da família saiu da sala de aula e se recusou a discutir a questão. O professor não teve chance de esclarecer a confusão até o dia seguinte. A família e o professor nunca mais conseguiram restabelecer um bom relacionamento comunicativo.

LIÇÃO DE COMUNICAÇÃO: Uma mudança na política da escola deve ser bem comunicada a todos os seus familiares. Nessa situação, o professor deveria ter permitido mais um dia de brinquedos na sala de aula e, então, se certificado de que todos os pais receberam o comunicado. Essa situação fez que a família se sentisse responsável por uma situação fora de seu controle.

É impossível antecipar os problemas que surgirão ao longo do ano para incluí-los no manual. Caso seja forçado a alterar a política da escola ou incluir uma política adicional, é necessário informar às famílias por meio de um folheto, que deve sempre trazer uma justificativa para a alteração ou adição. Por exemplo, o manual pode afirmar que as crianças estão autorizadas a trazer brinquedos de casa. No entanto, durante um surto de piolhos, pode-se decidir que é de interesse das crianças restringir os brinquedos trazidos de casa. Seu folheto sobre políticas deve fornecer mais detalhes sobre que política está sendo alterada e por quanto tempo essa alteração será mantida. Os pais que matriculam o(s) filho(s) em sua escola, após alguma adição ou alteração da política, devem receber o folheto que substitui as informações descritas no manual, com uma cópia deste, e devem ser sempre datados. Sua escola deve se esforçar para que as alterações no manual sejam mínimas, pois muitas alterações podem sugerir falta de preparação e implicarão a necessidade de uma revisão formal.

## Política do amendoim

Um exemplo de uma política que pode ser importante adotar após o manual ter sido publicado é a política de amendoim. Em razão do número crescente de crianças com reações alérgicas graves ao amendoim, muitas escolas estão abordando os perigos de forma proativa por meio da proibição de produtos de amendoim na instituição. Se o manual foi desenvolvido e publicado há mais de dois anos, é provável que uma política como esta nunca tenha sido considerada. Sua escola poderia abordar a questão por meio de um folheto, eliminando a necessidade de uma revisão completa do manual.

**Atividade 6.2** Criando uma política do amendoim

Utilizando o modelo fornecido a seguir, crie uma declaração de política do amendoim que inclua uma justificativa para a nova política, uma descrição de a quem essa política afeta, informações sobre como as famílias podem implantar a política e a pessoa que deve ser contatada se forem necessários mais esclarecimentos.

## Modelo de política do amendoim

**Política do amendoim**

Nos últimos anos, a escola de educação infantil percebeu um aumento no número de crianças com alergias fatais. O mais comum desses alérgenos é o *amendoim*. Em [ano em que a política do amendoim foi implantada], a [escola] adotou sua *política sem amendoim*. Esta é a única forma de evitar que uma criança alérgica desenvolva uma reação. Em razão da natureza da alergia, o isolamento não é uma boa opção.

Pedimos a sua compreensão e ajuda para mantermos a saúde e a segurança de todas as crianças enquanto se encontram sob nossos cuidados. Por favor, *não enviem* qualquer produto que contenha amendoim ou castanhas: isso inclui sanduíche de manteiga de amendoim e geleia, além de bolinhos, doces, biscoitos e barras de cereais com manteiga de amendoim. É possível saber quais produtos podem conter amendoins ao analisar seus rótulos. Por exemplo, M&M's simples, biscoitos Mini Chips Ahoy e Cheez Nips com baixo teor de gordura.

Alguns produtos que verificamos não levarem amendoim ou amêndoas em suas fórmulas são:

| | | | |
|---|---|---|---|
| Oreos | Skittles | Applesauce | Pudding |
| Twizzlers | Animal Crackers | Pretzels | Fig Newtons |
| Nilla Wafers | Potato Chips | Gummy treats | Cheezlts |

Esperamos que compreendam a gravidade do problema e nossos esforços para prevenir uma emergência médica. Não queremos que nenhuma criança experimente uma reação grave, ou mesmo que qualquer outra criança testemunhe um colega tendo uma reação.

Obrigado por sua cooperação. Sinta-se à vontade para passar na secretaria se tiver mais dúvidas sobre esta política.

---

**COMUNICAÇÃO EFICAZ EM AÇÃO**

FAMÍLIA: "Eu trouxe bolinhos de manteiga de amendoim para o Adam dividir com sua classe no seu aniversário. Ele me disse que a professora se recusou a deixá-lo compartilhar os bolinhos na hora do lanche. Qual é o problema?"

FUNCIONÁRIO: "Lamento que isso tenha acontecido com o Adam hoje. Sei que seu aniversário é um dia especial para as comemorações. Mas temos muitas crianças na escola com alergia fatal a amendoim. No ano passado, foi decidido que, visando o interesse de todas as crianças, seria proibido qualquer item que contenha amendoim em nossas salas de aula. A escola estabeleceu uma política "sem amendoim", a qual foi colocada em todas as caixas de correspondência no primeiro dia de aula e a discutimos na Noite de Orientação Familiar. Aqui está uma cópia de nossa política. Lamento que não tenham tomado conhecimento antes. Estou certo de que ainda poderá fazer do aniversário de Adam um acontecimento feliz. Podemos comemorar seu dia especial amanhã novamente?"

RESULTADO: Após a equipe ter reconhecido a tristeza de Adam e se desculpado pelo mal-entendido, a família concordou em trazer algo especial novamente no dia seguinte para comemorar o aniversário.

Além de informar seus familiares sobre as novas políticas não encontradas no manual ou alterações nas políticas existentes, os folhetos também são usados como lembretes de políticas atuais importantes, tais como procedimentos de emergência ou relato de abuso e negligência infantil. Quando as famílias recebem uma infinidade de informações ao mesmo tempo, assim como é apresentado a elas no manual, algumas informações podem ser negligenciadas. As distribuições de folhetos são um modo de garantir que leram e têm a oportunidade de fazer perguntas sobre as políticas mais importantes da escola.

## Política de abuso e negligência infantil

Algumas das políticas mais importantes e mais aplicadas são aquelas relacionadas a abuso e negligência infantil. Cada Estado tem um site na internet que abrange esses tópicos, e seu manual sobre o tema deve ser desenvolvido empregando os materiais fornecidos pelo Estado.[2] A decisão sobre se a política de abuso infantil deve ser apresentada no manual, por meio de um folheto ou por ambos, é tomada pela escola. A precaução contra inseri-la no manual é que essa política está sujeita a alterações a qualquer momento e profundidade e amplitude da mudança são determinadas pelo Estado, sem a intervenção da escola. Se incluir a política de abuso infantil em seu manual precisará emiti-la e atualizá-la em caso de alguma alteração importante na política. A maioria dos estados também exige que todas as escolas fixem a política de abuso infantil em um local visível, o que é facilmente realizado se a política for apresentada em forma de folheto.

Sua política de abuso e negligência infantil deve incluir:

- definições de abuso e negligência infantil, conforme definido pelo seu Estado;
- uma declaração de que todos os profissionais da escola são obrigados a reportar casos de abuso e negligência infantil;
- os números de telefone da Linha Direta para Casos de Abuso e Negligência Infantil do Estado;[3]
- declaração de que os informantes obrigatórios não podem ser responsabilizados, civil ou criminalmente, por relatar o que acreditam ser um caso de abuso infantil, a menos que o informante seja também o agressor;
- penalidades por realizar um relato falso conscientemente;
- sinais e sintomas de abuso infantil;
- o que fazer se testemunhar abuso ou negligência por um membro da equipe da escola;
- que medidas serão tomadas se um funcionário for acusado de abuso;
- como obter tratamento médico para uma vítima de abuso ou negligência.

---

[2] No Brasil, as escolas de educação infantil devem observar a Lei n. 8.069, de 13 de julho de 1990, que dispõe sobre o Estatuto da Criança e do Adolescente. (NRT)

[3] Aqui devem ser indicados os números de telefone do Conselho Tutelar. (NRT)

Para garantir que sua política de abuso infantil está completa e em conformidade com a lei, considere a revisão da política por um funcionário público ou advogado conhecedor do assunto.

## Procedimentos de emergência

O Plano de Emergência Interno é outro documento exigido pela maioria dos estados e deve ser fixado em uma área visível da escola. Muitos desses procedimentos são abordados no manual, mas quando a política trata de situações de vida ou morte, reforçá-la é sempre uma boa ideia. Seu Plano de Procedimentos de Emergência deve abranger as ações adequadas nas seguintes situações (como discutido com mais detalhes no Capítulo 5):[4]

- emergência em caso de incêndio;
- evacuação de emergência;
- intempéries;
- ferimentos leves em uma criança;
- ferimentos graves em uma criança.

Uma lista de referências abrangente com números de telefones de emergência também deve ser afixada. O número de emergência da polícia deve constar nessa lista, bem como números adicionais necessários para o corpo de bombeiros, departamento de polícia, serviço de ambulância, empresa de ônibus, hospital mais próximo, centro de zoonose, escolas locais, empresa de alarme, assistência médica, assistência odontológica, linha direta para informar abuso e negligência infantil, controle de cães, serviços de saúde mental, estações de rádio para informações meteorológicas e empresa de manutenção e reparos do prédio. Se já participou de uma situação de emergência, não vai querer perder um tempo valioso tentando obter os números corretos dos telefones de contato. Todos os procedimentos de emergência e números de telefone devem estar afixados em um local de rápido acesso, caso sua escola seja muito grande deve-se afixar cópias em vários lugares.

## Políticas de confidencialidade dos funcionários

Todas as políticas discutidas são aplicáveis tanto aos membros da equipe como às famílias ligadas à escola. Entretanto, há algumas políticas que se aplicam exclusivamente aos funcionários da instituição. Uma delas é o procedimento em caso de tentativa de rapto de criança. Uma boa escola tem de estar preparada para uma série de situações de emergência e, com as batalhas pela guarda dos filhos abarro-

---

[4] No Brasil, deve-se verificar se existe essa exigência junto aos órgãos responsáveis pelo credenciamento e supervisão das escolas de educação infantil. Essas escolas estão vinculadas e são supervisionadas pelos municípios. Assim, a legislação varia de município para município. (NRT)

tando os tribunais, a possibilidade de rapto de crianças não pode ser ignorada. Essa política deve ser apresentada apenas aos funcionários, e não às famílias, pois seu sucesso depende de uma palavra-código. No caso de tentativa de retirar uma criança à força da escola por um indivíduo não autorizado a ter a guarda da criança, os seguintes procedimentos serão seguidos:

- O professor da criança será alertado da situação de emergência por meio de uma palavra-código seguida pelo nome da criança.

- O professor levará a criança tranquilamente para uma sala que pode ser trancada pelo lado de dentro. Essa sala deverá ser um local de segurança predefinido.

- Se a pessoa que deu o alerta conseguir chegar a um telefone, ela deverá ligar para o número de emergência da polícia. Caso não consiga, deverá solicitar a outro professor que faça a chamada.

- O professor e a criança permanecerão dentro da sala trancada até a polícia chegar à escola.

- As demais crianças da classe serão monitoradas por outro membro da equipe até que o professor possa retornar.

- Todos esses procedimentos devem ser executados o mais rápido e calmamente possível, com o objetivo de impedir que a pessoa que está tentando o rapto localize a criança e retire-a da escola.

Também deverá ser apresentada uma política de confidencialidade aos membros da equipe. Os profissionais da educação infantil devem respeitar a privacidade das famílias, das crianças e de seus colegas de trabalho. Sua equipe deve estar ciente de que as informações compartilhadas na escola são consideradas sagradas e confidenciais. Quando a confidencialidade não é respeitada, isso resulta em mal--entendidos, mágoas, problemas de relacionamento e violação das leis.[5] É importante insistir no fato de que esses problemas causam danos à autoestima das crianças e dos colegas. Distribuir essas informações em forma de política aos membros da equipe pode convencê-los do quanto a confidencialidade é importante e é seu dever de mantê-la.

## Pacote de boas-vindas

Repassamos uma série de políticas e procedimentos que podem ser comunicados de forma eficaz por meio de folhetos. Para que sua comunicação seja bem-sucedida, será necessário desenvolver um método de apresentação das informações ao público. Uma maneira de fazer isso é criar um Pacote de Boas-Vindas, que será distribuído a todas as famílias no momento da matrícula ou, se forem famílias que estão retornando à escola, no início das aulas de seu filho. Esse pacote deve ser colocado em uma pasta ou em outra embalagem de papel para que seja acessível

---

[5] De acordo com o Estatuto da Criança e do Adolescente, a criança é protegida por essa legislação, tendo o direito à preservação de sua imagem, por exemplo. (NRT)

para futuras referências. Além de incluir o manual, deve-se incluir também todos os folhetos sobre políticas e procedimento importantes. No início do ano letivo, os Pacotes dos Pais podem ser adaptados para programas individuais, incluindo boletins informativos e calendários específicos para cada nível.

No início, pode haver ansiedade e incerteza, e uma preparação adequada do Pacote pode ajudar a aliviar alguns desses medos. O Pacote de Boas-Vindas deve incluir uma carta de boas-vindas, calendário, cronograma de pagamento das mensalidades, manual e folhetos com políticas importantes.

A carta de boas-vindas, que deve ser enviada com várias semanas de antecedência do início das aulas, é a primeira apresentação formal às famílias recém-matriculadas e define o tom da comunicação para o ano. Se a criança foi matriculada no meio do ano, o Pacote de Boas-Vindas deve ser entregue à família no momento da matrícula, mas antes do primeiro dia de aula da criança. A carta deve ter tom polido e profissional, e incluir informações pertinentes ao preparo das crianças para o primeiro dia de aula na escola. Comece sua carta dando cordialmente as boas-vindas à nova família e reiterando quão satisfeito estão por terem escolhido a sua escola. Em seguida, confirme em qual nível matricularam o filho, bem como a data e hora de início desse programa específico. Também é útil reforçar os horários de abertura e fechamento da instituição de modo que as famílias possam programar de forma adequada os momentos de levar e buscar as crianças.

Informe também o que devem fazer ao chegar à escola: haverá alguém disponível para recebê-los na porta e apresentar-lhes a área apropriada de aprendizagem? Devem olhar as listas afixadas nas salas de aula e as atribuições da área? Ao fornecer informações específicas aos pais, diminui-se o nível de confusão e apreensão para as famílias e as crianças.

Uma transição calma pode definir o tom para um primeiro dia positivo. Algumas famílias podem querer visitar sua escola junto com o filho antes do início das aulas. Se possível, permita que as novas crianças olhem ao redor, explorem o ambiente e brinquem com alguns dos brinquedos, enquanto a família permanece por perto. Esse "ensaio geral" pode ajudar a criança a se sentir mais à vontade em seu primeiro dia de aula. A transição também pode ser mais fácil se as crianças puderem frequentar a escola por um período reduzido de horas sem a permanência de suas famílias. Essas possibilidades devem ser apresentadas aos pais em sua carta de boas-vindas.

Além disso, a carta contém uma lista de itens importantes para o primeiro dia de aula que, normalmente, incluem: itens para a hora da soneca, uma lancheira com bolsa térmica, roupa extra, o formulário de matrícula e exame físico preenchidos. Se esta for a primeira experiência da família com uma escola de educação infantil, é possível que não estejam cientes de tudo que é necessário para o primeiro dia de aula. Uma lista abrangente ajuda a garantir que todas as famílias cheguem à escola devidamente preparadas.

> **QUANDO A COMUNICAÇÃO É INTERROMPIDA**
>
> Família: "Meu filho deveria iniciar na turma de 3 anos hoje, mas o professor da sala de aula acabou de me informar que não posso deixá-lo sem o formulário de exame físico preenchido. Ele tem uma consulta com o pediatra amanhã e acho que isso não seria um problema. Meu filho está ansioso por esse dia há meses e ficará muito triste se não puder ficar e brincar com as outras crianças. Não é possível abrir uma exceção e deixá-lo ficar hoje? Trarei o formulário de exame físico preenchido amanhã sem falta".
>
> Funcionário: "Lamento, mas, de acordo com as regulamentações estaduais,[6] todas as crianças devem apresentar o atestado médico preenchido antes de entrar em sala de aula. Não podemos abrir exceções quanto a essa lei. Por isso, infelizmente, seu filho não poderá ficar hoje".
>
> Lição de comunicação: Famílias novas podem não compreender que certos itens são exigidos por lei antes de entrar em uma escola. Uma vez que os pais terão diferentes níveis de familiaridade com o exigido, é responsabilidade da instituição informá-los sobre suas responsabilidades. Isso deve ser feito com bastante antecedência ao primeiro dia de aula a fim de evitar confusão e desapontamento por parte das famílias e seus filhos.

**Atividade 6.3** Criar uma carta de boas-vindas

Empregando o modelo disponível a seguir, personalize uma carta de boas-vindas para cada um dos níveis da escola.

## Modelo de carta de boas-vindas

> Prezados pais,
>
> Nossa equipe gostaria de dar-lhes as boas-vindas ao nosso [nome do programa aqui].
>
> [Nome da escola] funciona das [horário de abertura] às [horário de fechamento]. Seu filho pode ser deixado e buscado a qualquer momento entre esses horários.
>
> [Nome do programa] inicia em [data de início do programa]. As atribuições das classes e da área estarão afixadas no quadro do saguão da escola no primeiro dia de aula. Nossos professores e administradores estarão disponíveis esta semana para ajudá-lo e responder a quaisquer perguntas sobre o início das aulas. Desejamos que você e sua família se sintam confortáveis. Sinta-se à vontade para vir à escola a qualquer momento durante o ano para uma visita. As famílias podem olhar ao redor, brincar com os brinquedos, conhecer os banheiros e explorar nosso ambiente.
>
> **O que se deve saber:**
>
> - Todas as famílias devem registrar sua entrada e saída da escola. Por favor, informe-nos sobre quaisquer outras pessoas que possam buscar seu filho. Exigiremos dessas pessoas que apresentem um documento de identificação com foto.
> - Pedimos que todos leiam nossa política para casos de doença antes entrar em nossa escola. Por favor, informe à nossa equipe sobre quaisquer alergias ou problemas médicos relacionados a seu filho.
> - Verifique nossa tabela de informações para os pais. Manuais, guias curriculares, declarações de políticas, calendários escolares e outras informações importantes estarão disponíveis.

---

[6] No Brasil, é necessário verificar a legislação específica de cada sistema de ensino ao qual a escola de educação infantil está vinculada.

## Modelo de carta de boas-vindas (*continuação*)

**O que trazer (identifique todos os itens com o nome da criança):**

- Itens para a hora da soneca: um lençol para berço, um travesseiro pequeno e um cobertor. O bicho de pelúcia favorito da criança é opcional. Esses itens são enviados no fim da semana para serem lavados em casa.

- Lancheira com bolsa térmica. Não é permitido o consumo de amendoim na escola. Por favor, leia todos os rótulos para se certificar de que não enviará à escola, com seu filho, nenhum produto contendo amendoim. Uma bolsa térmica deve ser colocada em cada lancheira, independentemente do conteúdo.

- Podem ser mantidas roupas extras em nossa escola. Por favor, traga uma camiseta, calças, dois pares de cuecas ou calcinhas e meias.

- Brinquedos trazidos de casa são opcionais. As crianças podem trazer um brinquedo pequeno de casa, porém podem ser usados somente em horários específicos. Nossa escola tem muitos brinquedos, manipuláveis, blocos, fantasias e assim por diante... Muitas atividades envolventes e lições práticas são planejadas diariamente, por isso os brinquedos trazidos de casa não são necessários.

Por favor, verifique se providenciou:

☐ Formulário de matrícula preenchido:

- Endereço atual, número de telefone residencial, número de telefone comercial, número de telefone celular.

- Número de telefone do médico e dentista.

- Duas pessoas que possam buscar em caso de emergência e seus números de telefone.

- Assinatura autorizada localizada na parte inferior do formulário.

☐ Ficha de emergência preenchida.

☐ Ficha médica atualizada, incluindo alergias, medicamentos ou necessidades médicas.

*Esperamos que a sua família esteja tão ansiosa quanto nós pelo início das aulas!*

*Estamos ansiosos para passar nosso tempo com vocês!*

## Calendário do programa

Anexo à carta de boas-vindas, deve ser enviado um calendário das atividades. O calendário anual deve detalhar os dias em que a escola de educação infantil permanecerá fechada ou não cumprirá o horário de funcionamento normal. Caso a escola tenha vários níveis de ensino, é necessário criar um calendário específico para cada programa. As escolas têm atividades distintas para o ano letivo e devem ser criados calendários separados para cada programa. Após ter publicado os dias e horários em que a escola estará funcionando, é importante respeitar o calendário, pois as famílias dependem dela e podem ser afetadas por mudanças inesperadas de horário. Caso a escola conte com eventos especiais, tais como um programa de férias ou uma cerimônia de formatura, esses eventos também devem ser incluídos no calendário sempre que possível. Essas informações adicionais ajudam a família a planejar as férias, informar possíveis ausências e tomar as devidas providências para obter cuidados alternativos quando a escola estiver fechada.

O calendário deve ser fácil de ler e ter uma apresentação atraente de modo que as famílias fixem-no em um local de destaque em casa, onde possa ser consultado frequentemente. Uma cópia do calendário também deve ser afixada com destaque em um quadro de avisos, posicionado de forma bem visível na escola (o Capítulo 7 abordará os recursos visuais adequados em detalhes).

O segundo anexo à carta de boas-vindas deve ser o cronograma de pagamento das mensalidades para o nível em questão. Seu manual oferece às famílias informações sobre as datas de vencimento das mensalidades, assim como as multas em caso de atraso no pagamento. No entanto, uma vez que é provável que o valor sofra alterações anualmente, essa informação é comunicada de forma mais adequada por meio de um folheto. É prudente incluir uma data efetiva como nota de rodapé dessa página, bem como um aviso informando que a anuidade está sujeita a alterações.

Seu Pacote de Boas-Vindas estabeleceu a primeira comunicação formal com a família por meio de folhetos. A escola de educação infantil deve continuar a utilizar esse método de comunicação para manter as famílias bem informadas sobre as atualizações nas políticas da escola, além de outros pontos pertinentes não previstos no manual.

**Atividade 6.4** Criar um calendário para um programa específico

Empregando o modelo a seguir, crie um calendário que forneça às famílias as datas em que sua escola não funcionará, fechará mais cedo ou realizará eventos especiais. Os calendários devem ser impressos em papel colorido, pois assim serão facilmente reconhecidos. Pode-se considerar também a plastificação do calendário para que possa resistir a um ano inteiro de uso.

## Modelo de calendário específico para um programa

| Calendário da pré-escola em período parcial 2011-2012 | | | |
|---|---|---|---|
| Agosto | Qui. | 28 | Abertura – Classes de 3 anos, manhã e tarde. |
| | Sex. | 29 | Abertura – Classes de 4 anos, manhã e tarde, e Classes de Aprimoramento. |
| Setembro | Seg. | 1 | Dia do Trabalho – A escola permanecerá fechada. |
| | Ter. | 2 | Boas-vindas às classes de aprimoramento de 3 e 4 anos (Seg.-Sex.) |
| | Qua. | 3 | Boas-vindas às classes de 4 anos (Seg., Qua., Sex.). |
| Outubro | Seg. | 6 | Yom Kippur – Não haverá aula para a pré-escola de período parcial. |
| | Qui., Sex. | 9,10 | Nenhuma escola pública funcionará. |
| | Seg. | 13 | Dia de Colombo, não haverá aula para pré-escola de período parcial. |
| | A ser agendada | | Reunião de pais e mestres. |
| | | | **Recomenda-se a presença dos pais.** |
| Novembro | Ter. | 11 | Dia dos Veteranos – Nenhuma pré-escola de período parcial funcionará. |
| | Qua.-Sex. | 26-28 | Feriado de Ação de Graças – Nenhuma pré-escola de período parcial funcionará. |
| Dezembro | Qua.-Qua. | 24-31 | Férias – Nenhuma pré-escola de período parcial funcionará. |
| Obs.: Durante os meses de inverno, ouça o rádio ou assista à televisão local para se informar sobre o fechamento das escolas públicas. *Não haverá aula para as classes da pré-escola em período parcial nas escolas públicas em dias de neve.* A pré-escola em período parcial não é afetada por atrasos no período da manhã nas escolas públicas, e funcionará nos horários regulares conforme programado. | | | |

## Modelo de calendário específico para um programa (*continuação*)

| Janeiro | Qui. | 1 | Dia de Ano Novo – A escola permanecerá fechada. |
| | Sex. | 2 | Férias – Nenhuma pré-escola em período parcial funcionará. |
| | Sex. | 16 | Treinamento da equipe de escolas públicas. Dia de treinamento dos funcionários das escolas públicas – Nenhuma pré-escola em período parcial funcionará. |
| | Seg. | 19 | Dia de Martin Luther King – escola em período parcial funcionará. |
| Fevereiro | Seg., Ter. | 16,17 | Fim de semana do presidente – Nenhuma pré-escola de período parcial funcionará. |
| Março | | | |
| Abril | Sex. | 9 | Sexta-feira Santa – A escola estará fechada. |
| | Seg.-Sex. | 19-23 | Férias de primavera – Nenhuma pré-escola em período parcial funcionará. |
| | A ser agendada | | Reunião de pais e mestres na turma de 4 anos. |
| Maio | Seg. | 31 | Feriado do Memorial Day – A escola permanecerá fechada. |
| | A ser agendada | | Reunião de pais e mestres das turmas de 3 anos. |
| Junho | Sex. | 11 | Último dia de experiência na pré-escola de período parcial |
| | A ser agendada | | Encerramento do ano. |
| | | | Piquenique de formatura. |

## Proposta curricular

No manual, já há um resumo dos currículos esperado de cada programa. No entanto, depois que as crianças estão matriculadas na escola de educação infantil, as famílias esperam receber informações mais detalhadas sobre os tipos de aprendizagem que seus filhos desenvolverão a cada semana. Existem vários métodos de passar essas informações. As propostas curriculares devem ser apresentadas às famílias, tanto em nível abrangente como resumido. No início do ano letivo, pode-se distribuir um folheto descrevendo o que as crianças aprenderão ao longo do ano, o que deve coincidir com o currículo apresentado no manual para cada programa. Porém o folheto deve fornecer mais detalhes sobre os tipos específicos de atividades a fim de incentivar o desenvolvimento social, emocional e intelectual da criança.

Foi gasto muito tempo para preparar a proposta curricular e as atividades complementares, uma vez que se sabe que uma proposta bem elaborada é o cerne de toda grande escola. O folheto com a descrição das atividades introduzirá os fundamentos da abordagem de sua escola em relação à aprendizagem e, por isso, deve ser bem organizado e abrangente. A quantidade de informações apresentadas às crianças ao longo de um ano pode parecer excessiva; assim, é necessário estruturar o folheto de modo que o conteúdo seja facilmente compreendido por todas as famílias.

Quando há uma infinidade de informações para comunicar, muitas vezes é prudente dividir a mensagem em vários grupos menores e mais fáceis de administrar. Em termos de currículo, os objetivos anuais podem ser divididos por eixos temáticos. O folheto pode ser estruturado de forma a abordar temas referentes, por exemplo, às diferentes linguagens gestual, verbal, plástica, dramática e musical que serão trabalhadas com as crianças. Em cada uma dessas linguagens, é possível abordar os principais objetivos do programa da sua escola. Ao fornecer um exemplo concreto de como as crianças serão incentivadas a atingir o objetivo, garante-se que todos os conceitos sejam entendidos. Por exemplo, se um dos objetivos listados sob o tópico Linguagem Musical era "promover a coordenação e a autoexpressão através da música", seria possível citar o exemplo do uso de CDs que promovam o movimento de acordo com a música e o ritmo.

**Atividade 6.5** Criar uma proposta curricular

Reveja o exemplo de proposta curricular previsto. Usando o exemplo dado, elabore uma proposta curricular que forneça às famílias os aspectos de desenvolvimento que serão trabalhados ao longo do ano letivo. O esboço da proposta curricular terá de ser adequado à idade do programa.

### Exemplo de currículo de educação infantil

**Linguagem oral e escrita**

(Proposta curricular de tempo parcial para crianças com 3 anos)

* Iniciar as habilidades de escrita

  Letras maiúsculas e minúsculas

* Conhecimento do alfabeto

  Reconhecimento das letras

  Som das letras

* Literatura/Rimas infantis

* Cópias

**Matemática**

(Proposta curricular de aprendizagem para crianças com 4 anos)

* Adição simples

* Medidas/volume

* Reconhecimento dos números

* Estimativa

* Tamanho

* Contagem

* Categorização

* Formas

* Conceito de zero

* Padrões

* Sequenciamento

* Relações espaciais

**Identidade e autonomia**

(Proposta curricular em tempo integral para crianças com 4 anos)

* Habilidades sociais

* Independência

* Habilidades da vida prática

* Uso de tesouras

**Estudos sociais**

(Currículo em tempo parcial para crianças com 4 anos)

* Família e amigos

* Feriados

* Segurança infantil

* Transporte

* Programação diária

* Dias/meses/anos

* Voluntários da comunidade

* Boas maneiras

* Cooperação

* Tudo sobre mim

* Prevenção contra incêndios

**Música e movimento**

(Currículo para crianças de três e 4 anos)

* Instrumentos

* Ritmo

* Sons – altos e baixos

* Cantar

* Dançar

* Jogo do paraquedas

* Jogos motorizados

* Dança da cadeira

  Música de todo o mundo

* CDs

* Corridas com obstáculos

**Artes e artesanato**

(Currículo em tempo integral para crianças com 3 anos)

* Escultura:

  Argila

  Massinha

* Pintura:

  Têmpera

  Aquarela

* Desenho:

  Lápis

  Giz de cera

  Marcadores

  Giz

### Exemplo de currículo de educação infantil (*continuação*)

**Estudos sociais**

* Culturas do mundo
* Sentimentos/emoções
* Comunicação
* Deficientes físicos

A [escola] desenvolveu currículos separados para cada programa de nossa escola. Nossos professores planejam as aulas conforme a estrutura do currículo e possuem materiais adequados à sua disposição.

O alcance e a intensidade de nossos currículos aceleraram à medida que nossas crianças crescem. Os pais recebem cópias do currículo do seu filho, bem como informações semanais sobre as atividades previstas para a semana seguinte.

**Música e movimento**

(Esse é um componente do nosso currículo de Artes da Linguagem para a escola de educação infantil. Outras áreas estão incluídas em habilidades de escrita, redação e audição, bem como nas habilidades orais).

**Literatura:**

* Mostrar entusiasmo por várias formas de literatura (contos folclóricos, rimas infantis, fábulas etc.).
* Discutir o cenário, os detalhes e as personagens de uma história ou um poema.
* Discutir as partes favoritas ou as ideias geradas pelas histórias ou poemas.
* Mostrar compreensão de uma série de ilustrações nos livros (ou seja, aquarela, desenho de linha etc.).
* Justificar uma avaliação pessoal de uma história (eu gosto dele porque...).

**Artes e artesanato**

* Criação:
    Cola
    Purpurina
    Tecidos
    Papéis
    Penas
    Materiais naturais

**COMUNICAÇÃO EFICAZ EM AÇÃO**

FAMÍLIA: "Estou preocupado porque Tommy ainda não consegue identificar as cores. Você acha que pode haver algo errado com seus olhos?"

PLANO DE COMUNICAÇÃO:

1. Identificar a preocupação da família.
2. Sugerir possíveis soluções.

FUNCIONÁRIO: "Se você tem alguma razão para suspeitar de um problema médico, sugeriria definitivamente que levasse Tommy ao médico para um exame. No entanto, não é incomum para uma criança da idade de Tommy ainda não conhecer as cores. Sugiro que trabalhe com ele em casa. Olhe nossa programação curricular quais são as competências que trabalhamos em classe a cada mês. Quando chegarmos às habilidades de cor, é possível trabalhar a identificação das cores em suas atividades diárias. Ao trazê-lo para a escola, aponte casas azuis ou carros vermelhos. Quanto mais Tommy ouvir essas palavras, mais se familiarizará com os conceitos. Por favor, informe caso tenha qualquer dúvida ao ler o currículo. Aguarde também descrições mais detalhadas dos planos de aula no boletim informativo semanal das próximas atrações."

Anexado ao currículo, é necessário incluir um calendário, fornecendo informações sobre quais objetivos serão abordados no decorrer dos meses. Não é preciso fornecer detalhes aqui, pois mais informações serão passadas nos boletins semanais. Por exemplo, na elaboração de um currículo mensal para as crianças de 5 anos, você pode incluir atividades voltadas para o desenvolvimento da linguagem oral e escrita. Esses cronogramas resumidos permitirão às famílias compreender melhor o fluxo do currículo e, se quiserem, acompanhar os filhos em seu processo de desenvolvimento.

## Boletins informativos

O pacote de boas-vindas é o primeiro passo para estabelecer uma comunicação proativa com as famílias da escola. Para manter as linhas de comunicação abertas, será necessário fazer uso de boletins informativos, além dos folhetos. Abordaremos diversos tipos de boletins informativos, as próximas atrações de cada semana, alertas de saúde, lembretes de mensalidades e boletins informativos do diretor, que podem servir como valiosas ferramentas de comunicação.

**Atividade 6.6** Criar um boletim informativo com as próximas atrações

Empregando o modelo a seguir, crie um boletim que informe às famílias sobre as atividades que serão realizadas durante a semana seguinte. Deve-se dar atenção a quaisquer materiais que a criança deve trazer de casa, bem como as aprendizagens que serão trabalhadas a cada atividade.

## Próximas atrações

Um dos boletins mais úteis e aguardados é o que informa as atividades da próxima semana. Esse boletim pode levar o título "Próximas atrações" e deve ser elaborado individualmente por professor. Devem ser enumeradas atividades específicas para cada dia da semana, assim como os aspectos do desenvolvimento da criança a serem desenvolvidos com cada uma delas. Fornecer essas informações às famílias não só demonstra adesão ao currículo, mas também permite que as crianças venham para a escola, todos os dias, vestidas adequadamente para as atividades planejadas, além de dar às famílias a chance de retomar em casa o que foi aprendido na escola. Esses boletins devem ser preparados pelos professores individualmente, com duas semanas de antecedência, e entregues ao coordenador pedagógico ou ao diretor para revisão. Eles devem ser entregues às famílias com uma semana de antecedência para que possam participar ativamente do aprendizado de seus filhos.

## Alertas de saúde

A saúde e a segurança das crianças sob seus cuidados devem ser uma preocupação de extrema importância. O ambiente da escola é altamente propício a doenças in-

Modelo de boletim informativo com as próximas atrações

# Próximas atrações
## Classe de 4 anos em tempo parcial

Semana

Professor

**Tema:**                                    Aprendizagens:

**SEGUNDA**

**TERÇA**

**QUARTA**

**QUINTA**

**SEXTA**

Tópico de ciências          Dia da leitura semanal          Dia do computador

**OBSERVAÇÕES DO PROFESSOR:**

fectocontagiosas. É impossível eliminar as doenças, mas pode-se tentar diminuir seus efeitos, lembrando às famílias sobre a política para crianças doentes. Se uma criança vai para a escola com uma doença contagiosa, todas as outras crianças são postas em risco. As famílias têm a responsabilidade com as outras crianças para acompanhar atentamente a saúde de seus filhos e informar à escola em caso de doença.

Apesar dos esforços, muitas vezes é inevitável que uma criança frequente a escola durante a incubação de uma infecção contagiosa. Após uma família relatar que seu filho foi diagnosticado com uma doença contagiosa, é necessário que a direção reflita se é prudente informar às outras famílias. Muitas escolas de educação infantil utilizam o formato de boletim informativo, que pode ser denominado "Alerta de Saúde", para comunicar uma possível exposição às famílias. Esses alertas de saúde devem ser afixados em um local visível na escola (o Capítulo 7 abordará os locais adequados) e devem ser redigidos de maneira informativa e sem gerar alarme. É importante proteger a privacidade da família que relatou inicialmente a doença. A escola nunca deve divulgar o nome da criança que contraiu a doença ou a sala de aula à qual a criança pertence. O alerta da saúde deve incluir o nome da infecção relatada, informações sobre os sintomas da infecção, período aproximado de incubação, o que a instituição está fazendo para conter a propagação da infecção e as ações recomendadas, caso os sintomas sejam detectados em uma criança.

Como a infecção pode se espalhar rapidamente, e como é necessária alguma preparação prévia para garantir a precisão das informações contidas nos Alertas de Saúde, é prudente manter, com antecedência, esboços desse tipo de boletim contendo as infecções mais comuns. Por exemplo, deve-se estar preparado para lidar com relatos de piolho, infecções na garganta, conjuntivite e catapora. O ambulatório pediátrico local pode ser fonte de informações útil nesse caso. A maioria dos ambulatórios terá à mão folhetos informativos sobre as doenças mais comuns da infância, sendo possível empregar esses recursos para fornecer informações precisas e completas às famílias.

O objetivo desses alertas de saúde é fornecer informações, e não ajudar a tomar decisões médicas. A menos que seja um profissional da área de saúde, encaminhe todas as famílias com dúvidas a um médico ou enfermeiro local.

## Lembretes de mensalidades

Para que a escola seja bem-sucedida, espera-se que o pagamento das mensalidades esteja em dia. Pode ser desconfortável abordar questões relacionadas a dinheiro com as famílias. Por isso, pode-se usar boletins para ajudar a comunicação no caso de pagamentos de mensalidades em atraso. Com a intensa rotina das famílias, não é incomum que se esqueçam de um pagamento. Nesses casos, um lembrete gentil pode ser muito útil. Também é possível que o pagamento tenha sido feito, mas, inadvertidamente, não foi registrado pela sua escola. Esse boletim deve ter um tom amigável e cooperativo. Precisa-se evitar o confronto, mas ainda assim mostrar que o pagamento em atraso precisa ser realizado.

**Atividade 6.7** Criar alertas de saúde eficazes: piolhos

Um modelo de alerta de saúde destinado a informar as famílias sobre piolhos está disponível a seguir. Crie alertas adicionais de saúde para infecções na garganta e catapora. Solicite um profissional da área de saúde que revise esses alertas quanto à integralidade e precisão das informações antes que sejam divulgadas às famílias.

## Modelo de alerta de saúde

---

**Alerta de saúde**

Recentemente, foi relatado à escola alguns casos de crianças com piolhos.

**O que são:**

Os piolhos são insetos que vivem no cabelo humano e podem causar coceira extrema. É importante lembrar que qualquer pessoa pode pegar piolhos e que, embora a coceira possa ser desconfortável, *eles não são perigosos.*

**Como se transmite:**

- Usar pente ou escova infestados;
- Pendurar o casaco ou chapéu ao lado de um item infestado;
- Descansar a cabeça em estofados ou travesseiros utilizados recentemente por uma pessoa infestada;
- O contato direto de cabeça com cabeça.

**Como detectar:**

- Coceira excessiva na cabeça;
- Examine os cabelos e couro cabeludo em busca de formas rastejantes brancas ou cinzentas (aproximadamente do tamanho de uma semente de gergelim) e ovos branco-amarelados (lêndeas) grudados ao fio do cabelo próximo à raiz, que podem ser vistos a olho nu;
- Marcas de picada ou arranhões, geralmente encontrados no couro cabeludo ou no pescoço.

**O que fazer:**

- Examinar a cabeça do seu filho com cuidado todas as noites;
- Trazer os itens usados por seu filho na hora da soneca para casa e lavá-los com água quente e sabão;
- Lavar todos os chapéus, brinquedos e casacos que podem ter sido levados para a escola.

**Se suspeitar que seu filho foi infectado:**

- Procure o pediatra do seu filho para receber orientações de tratamento;
- Ligue para a escola para informar sobre a infestação;
- Seu filho não poderá voltar à escola até que a infestação tenha sido eliminada e não haja lêndeas visíveis no cabelo.

**O que está sendo feito para evitar a propagação:**

- Todos os brinquedos de tecido e itens na área de fantasias foram lavados;
- Todos os berços foram desinfetados;
- Todos os casacos e chapéus serão guardados em armários separados.

---

**Atividade 6.8** Criar um lembrete de pagamento amigável

Empregue o modelo a seguir para personalizar um lembrete, notificando a falta de pagamento de uma mensalidade. Esses avisos devem ser colocados em local visível apenas pela família a que se destina.

## Modelo de lembrete de pagamento

---

**LEMBRETE AMIGÁVEL**

Aviso de nível um                    Data:

Valor devido: _____          Referente à semana: _____

Não temos o registro de seu pagamento. Ele teria sido esquecido? Por favor, passe na secretaria para fazê-lo. O valor devido acima inclui uma taxa de atraso de R$ 10,00. Se o pagamento já foi efetuado, por favor, passe na secretaria e informe-nos o dia em que foi realizado para que possamos creditá-lo.

*Obrigado por sua cooperação!*

---

Se não obtiver nenhum retorno desse primeiro aviso, terá de tomar medidas mais definitivas. A segunda carta enviada à família, alertando-os sobre um pagamento em atraso, deve ser emitida no prazo de duas semanas do vencimento do pagamento faltante, com um tom mais formal do que o lembrete anterior. Se a escola tem uma política estabelecida para mensalidades em atraso, deve ficar claro nessa carta. A carta também deve estabelecer um prazo dentro do qual a família deverá colocar o pagamento em dia, bem como as consequências de não fazê-lo.

## Boletim informativo do diretor

O diretor da escola de educação infantil tem a responsabilidade de manter as famílias informadas sobre os acontecimentos na escola e colocar-se à disposição para perguntas e comentários. Uma maneira de garantir essa comunicação regular é por meio da publicação de um boletim informativo do diretor, que pode tratar de questões pertinentes à instituição, políticas, próximos eventos especiais ou apresentação de novos funcionários. O conteúdo também pode incluir questões relacionadas à família de modo geral, não apenas àquelas ligadas à escola. Os assuntos abordados podem ser adequados à época da publicação, tais como segurança na piscina no boletim de fevereiro e o retorno às aulas em agosto. É possível pedir às crianças que ajudem a decorar o boletim, fornecendo desenhos ou enigmas para serem incluídos em suas páginas. O diretor também pode oferecer oportunidades individuais aos professores envolvidos. Cada boletim pode destacar um professor e as atividades especiais em curso em sua sala de aula. O boletim deve ser estruturado de tal forma que o diretor mostre-se envolvido, interessado e acessível.

Folhetos e boletins informativos são formas eficazes de informar às famílias sobre uma diversidade de questões importantes. Por isso, devem ser estruturados de forma que tenham caráter informativo, sem ser maçante, sendo o mais breve possível. Embora eles possam facilmente atingir grandes públicos com rapidez, convém notar que nunca substituem a interação frente a frente. Um folheto ou boletim com informações que podem afligir ou confundir as famílias deve ser sempre seguido de contato pessoal.

## Relatório de progresso de comunicação

| Habilidade ou tarefa | Alcance das habilidades | | |
|---|---|---|---|
| | QUASE SEMPRE | HABILIDADES EMERGENTES | A MELHORAR |
| As informações apresentadas às famílias devem ser sempre fornecidas da forma mais adequada: folhetos, manuais ou boletins informativos. | ☐ | ☐ | ☐ |
| Foi desenvolvido um pacote abrangente de boas-vindas. | ☐ | ☐ | ☐ |
| As famílias que chegam à escola no primeiro dia estão devidamente preparadas, como resultado do pacote de boas-vindas. | ☐ | ☐ | ☐ |
| O calendário anual é fácil de usar e tem uma apresentação atraente. | ☐ | ☐ | ☐ |
| As famílias conseguem verificar as datas importantes através do calendário. | ☐ | ☐ | ☐ |
| Os folhetos com resumo dos currículos coincidem com o que foi apresentado no manual. | ☐ | ☐ | ☐ |
| O currículo foi dividido em seções fáceis de administrar, com exemplos específicos indicados para cada objetivo de aprendizagem. | ☐ | ☐ | ☐ |
| Foram preparados alertas de saúde para as doenças mais comuns. | ☐ | ☐ | ☐ |
| Os alertas de saúde foram revisados por um profissional da área quanto à sua exatidão. | ☐ | ☐ | ☐ |
| Foram criados dois níveis de lembretes para serem usados em caso de mensalidades em atraso. | ☐ | ☐ | ☐ |
| Todos os folhetos têm caráter informativo, sem fornecer conteúdo desnecessário. | ☐ | ☐ | ☐ |
| As famílias sabem a quem se dirigir caso necessitem de mais informações. | ☐ | ☐ | ☐ |

# Projetar a imagem correta: um olhar na comunicação visual

capítulo 7

© Ilya Postnikov/Photos.com

## Pontos-chave:

- Como levar sua escola a se destacar.
- Como elaborar materiais que serão imediatamente reconhecidos como pertencentes à sua escola.
- Como usar ferramentas visualmente atraentes para melhorar a comunicação entre a escola e as famílias.

Nos capítulos anteriores, discutimos a comunicação escrita e verbal com seu público. Agora, vamos voltar nossa atenção para as técnicas de comunicação visual, uma abordagem frequentemente negligenciada. Cada vez que as pessoas entram em sua escola de educação infantil, elas são imediatamente confrontadas com uma infinidade de imagens. Os materiais expostos na entrada, o layout das salas de atividades, a disposição de sua equipe e os rostos das crianças compõem pistas visuais do tipo de ambiente no qual estão prestes a entrar. Cada um dos seus cinco públicos-alvo (alunos atuais e suas famílias, funcionários e professores, alunos potenciais e suas famílias, vizinhos e prestadores de serviço) estará à procura de algo diferente. As famílias atuais buscam um ambiente no qual se sintam acolhidas e bem-vindas. Os membros da sua equipe buscam satisfação no trabalho, oportunidades de progredir e estímulo. Famílias novas ou potenciais buscam uma confirmação visual de que a escola é um local profissional e confiável. Os vizinhos e prestadores de serviço buscam organização e comprometimento com a comunidade. Todas essas necessidades podem ser satisfeitas se sua escola planejar com cuidado e implantar uma imagem específica. É possível transmitir uma imagem positiva e profissional com a utilização de um logotipo, crachás, papel timbrado, camisetas e bonés, "caixa de correspondência" dos alunos, quadros motivacionais, prêmios e diplomas, murais, biografia dos funcionários, livros de avisos, biblioteca para as famílias e uma caixa de sugestões.

## Logotipo

A criação de um logotipo proporciona à sua escola e aos materiais associados a ela uma forma de serem facilmente reconhecidos por seu público. Geralmente, um logotipo é algo simbólico ou pictórico, podendo conter elementos do nome da instituição integrados a ele. Um logotipo deve ser simples o bastante para que possa ser facilmente reproduzido em uma infinidade de materiais, incluindo papel timbrado, anúncios de jornais e camisetas, mas exclusivo o suficiente para que seu público seja capaz de relacioná-lo imediatamente à escola. Seu logotipo também transmitirá informações sobre a escola. As cores e os desenhos usados podem projetar diversas imagens, desde jovial e alegre a séria e acadêmica. O desenvolvimento de um logotipo é um processo que exigirá uma quantidade significativa de reflexão e pesquisa. Uma vez desenvolvido, o logotipo deve permanecer com a escola durante toda a sua vida comercial. Ao desenvolver algo tão permanente, é necessário garantir que tenha o melhor produto possível antes de finalizar o projeto.

A busca de um logotipo pode começar com as pessoas que melhor conhecem a sua escola: os funcionários, professores e os alunos. Peça tanto aos funcionários e professores como aos alunos que desenhem uma imagem que acreditem captar o espírito da escola. Obviamente, quando se lida com crianças pequenas, é necessário comunicar as tarefas com termos bem simples, tais como: "Faça um desenho que mostre o que você mais gosta na escola". Talvez se surpreenda com a capacidade de seus alunos e professores em transmitir com eficiência seus sentimentos em relação à escola por meio de desenhos. Mesmo que esse exercício não produza o desenho que procura, ele pode ser uma atividade muito inspiradora e formativa.

Um logotipo pode ser concebido em preto e branco ou ter cores. Para manter o tom de simplicidade, a maioria dos logotipos contém apenas uma ou duas cores. Essas cores podem tornar-se a sua assinatura e serem usadas para identificar sua escola posteriormente. Por exemplo, se certo tom de azul for escolhido para o logotipo, deve-se tentar incorporar a mesma cor em seus materiais de marketing e publicidade, folhetos e boletins informativos e quaisquer brindes promocionais entregues às famílias e funcionários. Durante excursões ou eventos especiais, pode-se solicitar que funcionários e alunos usem camisetas ou bonés com essa cor para que possam ser facilmente reconhecidos como um grupo.

## Crachás

Os crachás não são apenas uma forma útil de transmitir profissionalismo e facilitar a comunicação: são também um recurso importante para a manutenção da segurança na escola. Seus funcionários devem ser facilmente identificados pelas famílias e crianças, e o uso de um crachá é a forma mais fácil de atingir o objetivo. O crachá deverá identificar o funcionário da maneira como deseja ser tratado. Por exemplo, se seus professores são abordados pelas crianças e suas famílias por seus primeiros nomes, o crachá deve identificar o funcionário pelo nome e sobrenome. Se preferir que os funcionários sejam tratados formalmente por Sr., Sra. ou Srta., essas formas de tratamento também devem ser incluídas no crachá. Um membro da família que não consegue lembrar o nome do professor de seu filho ou está inseguro sobre como ele deve ser tratado pode ficar constrangido ao encontrar-se com um funcionário. Com o uso dos crachás, esse constrangimento é superado. Um crachá também fornece uma confirmação visual de quais adultos pertencem à sala de aula. Se cada membro da equipe e visitante autorizado for obrigado a usar um crachá de identificação, reconhecer as pessoas sem permissão de estar na sala de aula torna-se uma tarefa fácil.

É possível adicionar um toque pessoal a cada crachá, implantando um sistema que identifica há quantos anos a pessoa trabalha na escola. Por exemplo, anexar um pedaço de feltro a um crachá permite que se pendure pequenos adereços correspondentes ao número de anos que um professor está na escola. Provavelmente, serão necessários dois tipos diferentes de adereços, um representando o ano de serviço e outro representando cinco anos para abranger todas as combinações possíveis. Por exemplo, se um lápis prata é usado para indicar um ano de serviço e uma maçã dourada indica cinco anos, um professor cujo crachá exibe uma maçã dourada e duas canetas prata tem sete anos. Esse gesto simples serve como reconhecimento visível para os funcionários mais leais e pode ser um modo de iniciar uma conversa com as crianças e suas famílias. Incorpore a distribuição anual das condecorações em uma cerimônia de reconhecimento dos funcionários. As famílias também devem receber um folheto explicando o significado dos adereços nos crachás, incluindo um exemplo de como calcular o número de anos que um funcionário trabalha na escola.

O crachá é necessário para os adultos que visitam as salas de aula, sejam eles familiares ou prestadores externos. Os membros de sua equipe devem ser treinados para questionar qualquer adulto em uma sala de aula sem a devida identificação. Os crachás para visitantes podem ser facilmente preparados, utilizando etiquetas de identificação genéricas, compradas em lojas, ou podem ser mais permanentes, se plastificados. Cada visitante recebe um crachá ao se cadastrar na secretaria. Qualquer crachá de visitante permanente deve ser devolvido antes de a pessoa deixar a instituição. A escola deve saber quantos crachás de visitantes estão disponíveis e certificar-se de que todos sejam contabilizados diariamente.

Os crachás também podem ser úteis nas comunicações iniciais entre o professor e os alunos. Durante a primeira semana de aula, os crachás são ferramentas úteis para o professor aprender os nomes dos alunos e para as crianças encontrarem lugar para guardar seus objetos pessoais. Um crachá de aluno pode conter uma foto que corresponde à foto colocada no armário, na caixa de correspondência e na lancheira. Embora as crianças da pré-escola não sejam capazes de ler, é possível usar o reconhecimento da foto como forma de promover nelas independência e senso de autonomia sobre seus pertences. Os crachás dos alunos podem ser extremamente úteis em sala de aula, no entanto, é importante observar que, por razões de segurança, devem sempre ser removidos antes de a criança sair da escola. Crianças pequenas podem acreditar que alguém que sabe seu nome não é um estranho. Esse conceito também deve ser ensinado às famílias para que os nomes colocados em mochilas e lancheiras não sejam facilmente lidos por um transeunte.

## Papel timbrado

O uso de papel timbrado não somente dá a seus documentos importantes uma aparência profissional, como também permite o reconhecimento imediato da origem do documento. Seu logotipo deve ser incorporado ao papel timbrado, bem como o nome da escola. Muitas escolas optam também por colocar o endereço e número de telefone impressos no papel timbrado, assim essas informações de contato estão prontamente disponíveis caso o leitor tenha dúvidas. No ambiente da escola, não é necessário que todos os boletins e folhetos sejam impressos em papel timbrado, uma vez que alguns dos documentos mais criativos e casuais são mais adequados para impressão em papel-padrão. No entanto, para comunicações por escrito importantes a público, o papel timbrado é um toque a mais que pode causar uma impressão positiva no leitor. Deve-se também considerar imprimir seu logotipo e o nome da escola em outros elementos necessários de comunicação comercial, tais como envelopes, pastas e cartões de visita. Um pacote de boas-vindas apresentado em uma pasta com o nome e o logotipo da escola transmite uma sensação maior de elaboração e polimento do que uma apresentação com folhas simplesmente grampeadas. O uso de papel timbrado e outros materiais corporativos pode ser caro, e o custo-benefício deve ser avaliado. Antes de investir em uma boa impressão, a escola pode aplicar o *clip-art* e outros programas de design gráfico para imprimir o logo em sua correspondência. Embora a imagem visual do negócio possa não ser de suma importância para um estabelecimento novo e em crescimento, quase sempre é uma necessidade para escolas grandes e bem-estabelecidas.

## Camisetas e bonés

Logotipos não servem apenas para documentos impressos, uma vez que também podem ser utilizados em crachás, bonés, camisetas, garrafas de água, canetas e centenas de outros produtos de uso diário. As pessoas gostam de receber um sinal de seu apreço, e um brinde como um boné ou uma camiseta com o logotipo e o nome da escola é uma forma de agradecer às famílias e, ao mesmo tempo, promover sua instituição. Quando ocorrem excursões em grupo, uma camiseta ou um boné criados pela escola auxiliam os professores na identificação rápida das crianças pelas quais são responsáveis. Não é preciso escolher materiais da mais alta qualidade, já que, em geral, são esquecidos em pouco tempo ou se estragam rapidamente com as brincadeiras infantis. Se camisetas com estampas são um investimento muito grande para sua escola neste momento, considere a compra de camisetas simples na cor da instituição e estilize-as com as crianças.

## "Caixa de correspondência" dos alunos

Os folhetos e boletins somente serão eficazes se houver um sistema para assegurar que os pais recebam todas as comunicações em tempo hábil e de forma confidencial. Este é um dos passos mais importantes na comunicação com eles, e também é um dos mais fáceis de realizar. Todos os alunos podem ter uma caixa de correspondência: um grande envelope estilizado com seu nome e fotografia. As caixas de correspondência devem ser agrupadas por classe e colocadas com segurança em um escaninho (como mostra a figura da p. 108), de forma que seu conteúdo não possa ser facilmente aberto ou removido.

Os funcionários da escola são responsáveis por colocar os folhetos e boletins na caixa de correspondência dos alunos, com os trabalhos de artes ou projetos concluídos ao longo do dia. As famílias deverão verificar a caixa de correspondência todos os dias e poderão levar para casa o conteúdo. Os escaninhos devem estar localizados em lugar de fácil acesso para as famílias e que não necessite da intervenção do professor. Também é essencial manter a área com aparência limpa e organizada. É importante limitar o número de caixas de correspondência em cada escaninho para garantir que os materiais colocados neles não sejam comprometidos por falta de espaço.

Envolver as crianças no processo é uma ótima maneira de garantir que todos os materiais colocados nas caixas de correspondência sejam realmente recebidos e lidos pelas famílias. A foto fixada no crachá e no armário também pode ser colocada acima do escaninho da classe. A maioria das crianças pequenas são capazes de reconhecer a própria imagem e devem distinguir sua caixa de correspondência entre as que pertencem às outras crianças. Após a conclusão de um projeto especial, é possível solicitar que as crianças o coloquem em sua caixa de correspondência. Por essa razão, é necessário garantir que os escaninhos sejam fixados firmemente na parede e a uma altura de fácil acesso para as crianças. Um pouco de envolvimento extra por parte das crianças torna mais provável que eles corram para suas caixas de correspondência a fim de mostrar seus tesouros quando os pais chegarem na hora da saída. Além de obter os projetos da criança, a família vai receber folhetos e boletins importantes.

Exemplo de caixa de correspondência de uma criança

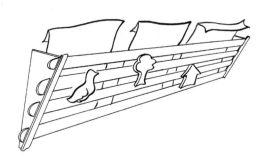

Exemplo de escaninho

Como as caixas de correspondência dos alunos podem se tornar uma forma de comunicação muito utilizada pelos pais, é necessário garantir que sejam bem conservadas. Quando abertas várias vezes ao dia, começam a mostrar sinais de desgaste. Qualquer caixa de correspondência com danos significativos deve ser substituída, o que, devido à forma econômica de como são feitas, não deve ser um inconveniente para a escola, mesmo que isso seja feito em diversas ocasiões ao longo do ano. É possível diminuir a necessidade de substituição regular dessa ferramenta de comunicação lembrando às famílias que as caixas devem permanecer na escola (algumas famílias as levam com seu conteúdo no fim do dia e, certamente, estão propensas a esquecer de devolvê-las).

## Quadros motivacionais

A maioria das escolas de educação infantil adere a uma programação específica, que é seguida ao longo do dia. Embora as atividades diárias possam variar, o fluxo do dia permanece constante. Essa programação pode ser utilizada para comunicar as famílias conforme o comportamento das crianças durante todo o dia. Um quadro motivacional ajuda a dividir o dia em períodos específicos, tais como entrada, hora do almoço, hora de brincar na área externa e hora da soneca. Todos os dias, as crianças devem receber um novo quadro motivacional. Ao término de cada período, o professor vai colocar um adesivo no quadro se a criança concluiu com êxito aquela parte do dia. Para determinar se a atividade foi concluída com êxito, é

Modelo de quadro motivacional diário

# Quadro motivacional

| | |
|---|---|
| Hora da entrada  | |
| Hora das atividades  | |
| Hora do lanche  | |
| Hora das atividades externas  | |
| Hora de arte/ciências/leitura  | |
| Hora da saída  | |

possível se basear em uma série de parâmetros, como interações positivas ou comportamento adequado, dependendo da atividade. No fim do dia, o quadro motivacional será colocado na caixa de correspondência da criança para que a família veja. Normalmente, as crianças têm orgulho de suas realizações ao longo do dia e ficam ansiosas para mostrar os adesivos que receberam a seus pais. O quadro motivacional também ajuda as famílias e os professores a identificar as transições diárias nas quais a criança ainda necessita de crescimento e desenvolvimento contínuos. Trabalhando juntos, a família e o professor podem apoiar a criança na aquisição de novas competências.

**Atividade 7.1** Criar um quadro motivacional diário

Empregando o modelo disponível a seguir, personalize o quadro motivacional para se adequar às atividades diárias da sua escola. Uma vez que cada dia é uma oportunidade para um novo começo, os quadros preenchidos devem ser entregues às famílias no fim do dia e um novo quadro iniciado na manhã seguinte.

## Prêmios e diplomas

Todo mundo gosta de ter suas conquistas reconhecidas, e as crianças não são uma exceção à regra. Cada criança da escola trará consigo um conjunto único de habilidades e interesses e, como profissional da educação infantil, um dos seus deveres é conhecer os interesses das crianças sob seus cuidados e utilizá-los como ferramentas motivacionais para a aprendizagem. Aceitação e reconhecimento de qualidades e talentos especiais podem fazer profunda diferença a autoestima de uma criança em desenvolvimento. É importante também compartilhar com as famílias as realizações de seus filhos regularmente. Enquanto as reuniões entre pais e professores, que serão abordadas em detalhes no Capítulo 8, servem para apresentação formal dos relatórios de progresso, as famílias gostam de acompanhar de modo mais frequente e menos formal o crescimento e o aprendizado de seus filhos durante as horas que passam na escola de educação infantil. Uma maneira fácil de informar as famílias quanto às realizações diárias das crianças é a concessão de prêmios.

Os prêmios podem ser concedidos para diversas atividades e realizações. Conforme as crianças concluem as competências listadas em seu currículo, as famílias podem ficar a par por meio de um prêmio de realização ou reconhecimento. Os prêmios podem ser desenvolvidos usando o clip-art ou desenhos feitos pelas crianças e devem ser assinados pelo professor. Além do aproveitamento escolar, também é importante reconhecer as etapas do desenvolvimento. Por exemplo, as crianças merecem reconhecimento quando conseguem, pela primeira vez, amarrar os sapatos sozinhas. Se essa primeira vez acontecer na escola, a família da criança deve ser informada a respeito para que também possa elogiá-la em casa. Quando as realizações das crianças são recompensadas, geralmente, elas ficam mais ansiosas para tentar desenvolver novas habilidades.

As crianças não são o único público que merece reconhecimento. Os familiares que se voluntariam para passar algum tempo com as crianças, seja por meio de algum programa, seja por meio das excursões (ambos serão discutidos em detalhes no Capítulo 9), podem ter seus esforços reconhecidos por meio de um prêmio. Os prestadores de serviço que contribuem generosamente com a escola também devem ser reconhecidos. O prêmio ou certificado de agradecimento real não precisa ser nada profissional, pois esta é uma ocasião em que a intenção é o que realmente conta. Esse também é um passo importante na construção de uma relação positiva com um membro do público-alvo de sua comunicação.

**Atividade 7.2** Criar um certificado de realização para as crianças

Empregando o modelo a seguir, crie certificados que serão entregues às crianças para comemorar suas realizações. Há infinitas possibilidades de ações que merecem reconhecimento, tais como: amarrar os sapatos, perder o primeiro dente, aprender a ir ao banheiro, fazer letras ou números específicos, aprender a escrever o próprio nome, saber seu número de telefone, reconhecer cores, capacidade de citar os dias da semana, ser um bom amigo, ajudar o professor, cuidar de animais de estimação ou ser um bom ouvinte.

**Modelo de certificado de realização para as crianças**

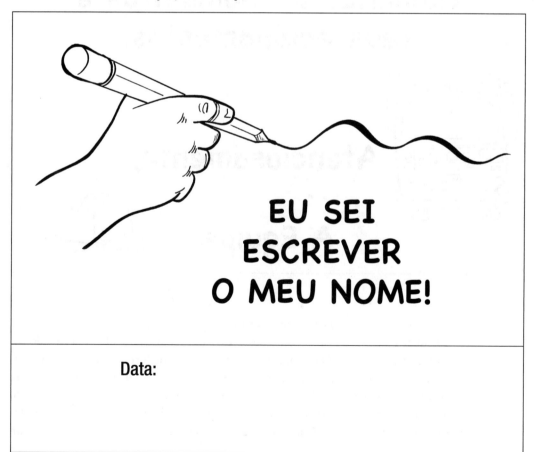

**Atividade 7.3** Criar um certificado de realização para os adultos

Empregando o modelo disponível a seguir, crie certificados que serão entregues aos adultos que têm contribuído com suas classes. Os vendedores que têm contribuído com materiais gratuitos, ou cedendo seu tempo, e familiares que enriqueceram a experiência em sala de aula para as crianças merecem ter seus esforços reconhecidos.

**Modelo de certificado de realização para os adultos**

# OBRIGADO

## por ceder seu tempo para nos mostrar o seu caminhão de bombeiros e seus equipamentos.

### Atenciosamente,

### A Equipe

Completar um ano letivo ou determinada etapa de ensino é uma realização em qualquer idade. É possível comemorar esse marco oficialmente concedendo diplomas a seus alunos. O diploma deve ser elaborado de forma que acentue as qualidades únicas de sua escola, e uma das melhores maneiras de fazer isso é envolver as crianças. Elas podem fazer um desenho para criar uma moldura em torno do diploma, ou podem trabalhar em conjunto para escolher uma imagem que gostariam de ver no diploma. O logotipo da escola deve ser incluído no diploma, assim como a assinatura do professor da classe. Alguns detalhes extras, tais como cor ou plastificação, transformam o diploma em uma obra de arte que pode ser exibida na casa da família nos anos seguintes. No caso de marcos significativos, como a formatura pré-escolar, o diploma pode ser entregue em uma cerimônia. (Detalhes sobre a cerimônia de formatura serão abordados no Capítulo 9.)

## Quadros de avisos

Os quadros de avisos, assim como as caixas de correspondências, são recursos simples, mas eficazes para estabelecer a comunicação com todas as pessoas que entram na escola. Eles mostram o planejamento e a organização antecipados pela instituição e permitem às famílias se envolverem com as atividades de aprendizagem de seus filhos. A colocação dos quadros de avisos dependerá do público-alvo que se pretende atingir com seu conteúdo. Normalmente, há três tipos de quadros de avisos em uma escola: aqueles voltados para toda a escola; aqueles voltados para um programa específico; e aqueles voltados especificamente para os funcionários. O quadro fixado na entrada da escola será visto por todos, enquanto um outro, que trata especificamente de informação de interesse dos funcionários, deve ser fixado em uma área de fácil acesso para a equipe, mas não para as famílias. O objetivo é proporcionar um modo simples para o público-alvo ter acesso a informações importantes. Normalmente, as informações selecionadas são essenciais e devem ter sido fornecidas previamente em um folheto ou boletim independente. Se a notificação individual foi inadvertidamente perdida, o quadro de avisos fornece ao público uma segunda oportunidade de receber as informações.

Um quadro localizado na entrada de sua escola é o lugar ideal para fixar informações sobre todos os seus programas diferentes. Por exemplo, as programações anuais e as datas e horários nos quais a escola fechará mais cedo são informações pertencentes ao quadro de avisos voltado para toda a instituição. As famílias de um programa podem conhecer as atividades de outros programas que poderão se adequar bem a seus filhos em uma data posterior, ou que possam interessar a seus amigos ou vizinhos com filhos. As famílias potenciais conseguem visualizar a diversidade de programas que podem escolher para seus filhos e as diferenças curriculares entre eles. Trabalhos de arte especiais realizados por crianças de todas as idades também podem ser exibidos no quadro voltado para toda a escola, aumentando o apelo visual. Para que o quadro sirva como uma ferramenta de comunicação útil, ele deve ser mantido atualizado e organizado. Se tem muitos funcionários, a responsabilidade de manter o quadro de avisos deverá ser supervisionada por um indivíduo que se comunique com todos os outros membros da equipe sobre o conteúdo necessário.

Quadro de avisos, bem organizado, desenvolvido para fornecer às famílias informações gerais da escola

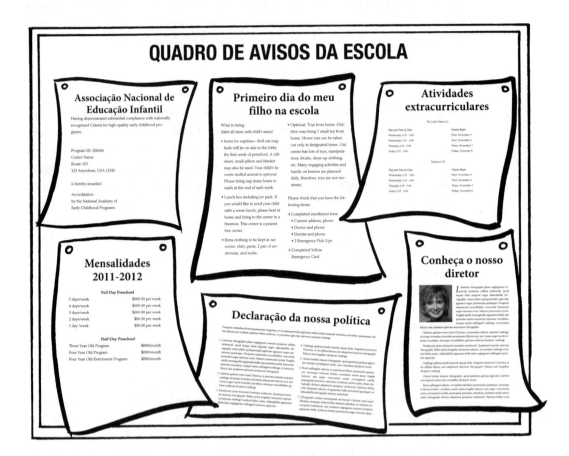

Quadros de avisos personalizados para classes ou programas separadamente permitem fixar informações mais específicas. As informações adequadas a estes seriam comunicados para as famílias sobre quaisquer materiais especiais necessários para trabalhos em classe ou detalhes sobre uma excursão que será realizada. Inscrições para eventos especiais ou reuniões com professores também podem ser fixados nos quadros de programas específicos. O quadro de avisos deve ficar em um local bem visível a todas as famílias envolvidas em um programa ou classe específicos. Se não conseguir encontrar certo local mutuamente aceitável para um programa com várias classes, pode pendurar o quadro específico do programa na entrada da escola com uma indicação informando os programas específicos aos quais ele se refere. Esse quadro também lhe proporciona a oportunidade de exibir muitas fotos das crianças envolvidas no programa e exemplos de projetos que elas concluíram.

Quadro de avisos, bem organizado, desenvolvido para fornecer às famílias informações específicas de um programa ou classe

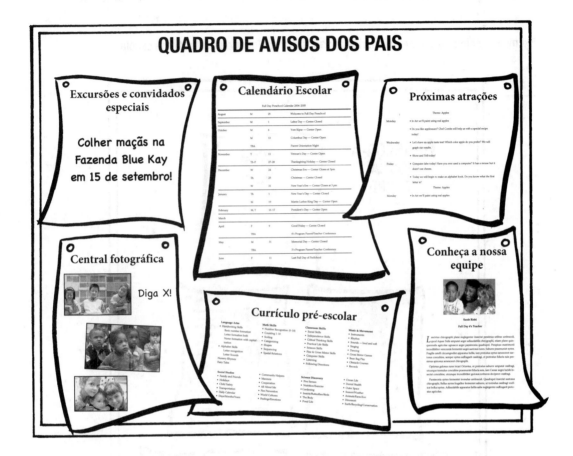

## Biografia dos funcionários

Os funcionários de uma escola são encarregados de muita responsabilidade todos os dias. É importante para as famílias conhecer sua equipe e vê-los interagir com as crianças. Uma foto e a biografia de um funcionário pode servir como o primeiro contato das famílias com um membro da sua equipe. A biografia deve incluir a formação do funcionário, experiências anteriores com crianças, o que mais gosta na área da educação, e qualquer informação pessoal que o funcionário queira compartilhar. As fotos e as biografias podem ser afixadas na entrada ou em outra área comum, de fácil acesso para todos. Sua creche deve se orgulhar de seus funcionários, e as biografias ajudarão a passar essa sensação de orgulho e profissionalismo às famílias. As informações pessoais fornecidas pelos funcionários também podem ser uma forma de iniciar uma conversa com as famílias em sua primeira reunião. As crianças já matriculadas na escola, mas que terão um novo professor no futuro, podem ver a foto do novo professor e conseguem começar a se familiarizar com ele. Se o novo professor encontra-se na mesma escola que a criança, pode ser benéfico que um membro da família apresente os dois antes do primeiro dia de aula. Qualquer coisa que a escola possa fazer para promover a coesão e cooperação entre os funcionários, as crianças e as famílias resultará na melhora da comunicação.

**Exemplo de biografias de funcionários afixadas em um lugar de destaque na escola**

## Álbuns

Com tantas atividades acontecendo em sua escola diariamente, é quase impossível descrever todas para as famílias. Fotografar de eventos importantes e até mesmo acontecimentos cotidianos é uma forma de mostrar a rotina das crianças para suas famílias e outras famílias potenciais. É possível dispor essas fotos em álbuns para

Exemplo de uma biografia de funcionário destacando sua formação e seus interesses

## MARY ARNOLD
*Diretora Executiva*

*Rachel, Mary, Mandy*

Mary Arnold trabalha com crianças desde 1980, quando ela abriu o Mary's Learning Center (Centro de Ensino Mary), em Spokane, Washington. Inicialmente, era um pequeno centro, que focava na filosofia de que as crianças podem aprender através de jogos e que a alegria é contagiante. Após o primeiro ano, o Mary's Learning Center contava com vinte alunos matriculados. Em 1981, Mary e sua família se mudaram para New Fairfield, Connecticut. A perda de Spokane foi o ganho de New Fairfield. Mais uma vez, Mary abriu uma adorável escola para crianças em sua casa, onde as famílias podiam ficar tranquilas sabendo que seus filhos recebiam os melhores cuidados possíveis. Seu sonho de ter um lugar especial para as crianças brincarem, aprenderem e crescerem foi amplamente aceito pela comunidade de New Fairfield. Desde aquela época, a escola da Mary passou por várias mudanças, ao mesmo tempo que mantinha excelente qualidade e reputação. Em 1985, o Mary's Learning Center tornou-se a Bright Beginnings. Mesmo com a ampliação de sua casa, a Bright Beginnings permaneceu lotada. Em 1988, a Bright Beginnings abriu uma segunda unidade em Plaza Fieldstone, oferecendo pré-escola em tempo parcial e cuidados antes e após a escola.

Em 1994, as duas unidades da Bright Beginnings foram reunidas em um mesmo estabelecimento em Vila Village Green Center. As novas instalações ofereciam aos pais e às crianças equipamentos modernos combinados à filosofia de atenção e carinho de Mary.

A Bright Beginnings recebeu uma generosa doação da IBM em 1998, através do American Business Council for Dependent Care, a ser administrada por Work/Family Directions. Essa doação financiou a compra de mais computadores, softwares, materiais de arte, equipamentos esportivos e equipamentos de ciências. O subsídio foi concedido pela mesma instituição novamente em 2000 para financiar o treinamento de professores e a compra de materiais para o Programa Pré-Escolar Discovery Science.

Agosto de 1999 foi o mês de conclusão da renovação total da Bright Beginnings. Uma área com cerca de 450 metros quadrados foi incorporada ao centro. O acréscimo dessa área permitiu à Mary proporcionar às crianças uma sala dedicada à arte, uma sala de ciências, laboratório de informática, biblioteca/centro de mídia e uma sala de aula reservada para o pré. A reforma também incluiu uma enfermaria para a equipe da Bright Beginnings. Mary sempre promoveu o desenvolvimento profissional e a educação continuada para si e sua equipe. Ela é um membro ativo da National Association of Child Care Profissionals – NACCP e tem atuado como elemento de ligação com o Estado para essa organização. Em 1999, foi eleita secretária da Diretoria da NACCP para cumprir um mandato de três anos. Também continua trabalhando com a NACCP como educadora de escolas apresentando seminários, tanto em nível regional quanto nacional. A Bright Beginnings recebeu a certificação da National Association for the Educational of Young Children –NAEYC em 1998, após um rigoroso processo de autoavaliação e validação por auditores externos com duração de um ano. Atualmente, a Bright Beginnings está em processo de recredenciamento junto a NAEYC.

Mary e seu marido, David, vivem em Nova Fairfield e têm duas filhas. Ela é formada pela Universidade de Indiana com Bacharelado em Educação, com graduação em ensino para educação de crianças com necessidades especiais e crianças superdotadas.

serem compartilhados com os outros. As crianças adoram olhar as páginas do álbum com suas famílias, apontando fotos de si mesmas e seus familiares. Assim, as famílias podem ter uma melhor noção do que realmente acontece durante o dia, enquanto eles estão longe de seus filhos. Os funcionários podem usar os projetos que veem nos álbuns como inspiração para os seus planos de aula. Enquanto folhetos e descrições verbais podem dar às famílias potenciais uma noção de sua creche, ao ver as imagens, eles podem formar uma imagem muito mais clara, o que as levam a se sentir mais à vontade ao deixar os filhos sob seus cuidados. As crianças que estão na escola há alguns anos vão se maravilhar com o quanto eles cresceram.

## Biblioteca da família

Criar os filhos é tarefa árdua e as famílias necessitam de todos os recursos e materiais de apoio possíveis. Como educador infantil, é provável que você tenha acumulado inúmeros materiais relacionados ao desenvolvimento das crianças. Provavelmente, outros membros da equipe e as famílias que frequentam a escola também tenham adquirido materiais relevantes. Os funcionários e as famílias de sua escola podem reunir seus recursos para criar uma biblioteca da família. Normalmente, não é necessário implantar um sistema de biblioteca formal. É possível convidar as famílias a trazer os materiais que têm em casa para que sejam lidos, os quais devem ser devolvidos em um prazo determinado. As pessoas que doam materiais para a biblioteca devem entender que esses materiais são um presente ou um empréstimo e, portanto, não é possível garantir seu retorno. Esse conveniente recurso permite às famílias saberem que a escola se preocupa com todos os aspectos do bem-estar de suas crianças, e não simplesmente com seu crescimento acadêmico. Além disso, essa iniciativa abre espaço para discussões entre as famílias e a equipe da escola sobre questões importantes relacionadas ao cuidado das crianças.

## Caixa de sugestões

Famílias satisfeitas com os serviços da escola de educação infantil tendem a permanecer clientes fiéis. Como o custo da manutenção de uma família atual é geralmente insignificante quando comparado com o custo de atrair uma nova família, faz sentido fornecer às famílias atuais diversas formas de expressarem seus sentimentos. Uma avaliação formal da escola pelas famílias será abordada no Capítulo 8, mas, para um *feedback* informal e talvez anônimo, uma caixa de sugestões é uma ferramenta de comunicação eficaz. A caixa de sugestões deve estar localizada onde todas as famílias possam ter acesso. A caixa deve ser mantida trancada de modo que apenas a administração da escola possa ler o conteúdo, uma vez que algumas das sugestões podem citar nomes de funcionários específicos ou outras famílias. As famílias podem optar por assinar seus comentários ou se manterem anônimas. Para que a caixa de sugestões seja uma ferramenta útil, é necessário analisar cuidadosamente os comentários contidos nela e abordar as questões de forma proativa. Se uma sugestão assinada referente a uma queixa específica for recebida, é preciso realizar uma reunião com a família para discutir a situação. Mesmo que não for capaz de realizar seu pedido ou aliviar sua frustração, só por ter dispensado tempo para discutir o assunto pessoalmente, demonstrou que valoriza a opinião deles. Se as famílias optarem por não se identificarem em seus comentários, não é possível abordar diretamente o problema, mas uma pesquisa pode ser feita para saber se outras famílias têm a mesma preocupação. Se o mesmo problema surgir em sua caixa de sugestões citado por várias famílias, isso deve ser entendido como um sinal de que, talvez, seja necessário reavaliar essa questão ou política em particular.

É importante notar que nem todos os comentários e sugestões precisam ser negativos. As famílias devem ser encorajadas a informar à administração da escola sobre todas as interações positivas com seus funcionários ou sobre partes específicas do programa que mais os agrada. Sempre que receber elogios por meio da caixa de sugestões, deve-se compartilhar o sentimento com o membro da equipe ao qual ele está relacionado.

Todos os materiais discutidos aqui podem tornar sua escola visualmente mais atraente para seus funcionários, famílias e crianças. Toques extras podem fazer grande diferença na comunicação do seu nível de comprometimento com as crianças matriculadas em seus programas. Apresentar um ambiente profissional, visualmente atraente e bem planejado é importante para todos os seus públicos. Separe tempo para observar com cuidado ao redor da escola, visualizando seus materiais como faria os pais que vêm a escola pela primeira vez. Será que tudo o que se vê tem um impacto positivo? A imagem é desejável para a sua escola? Se a resposta para uma dessas perguntas for "não", significa que precisa trabalhar na renovação e reestruturação do seu ambiente.

## Relatório de progresso de comunicação

| Habilidade ou tarefa | Alcance das habilidades | | |
| --- | --- | --- | --- |
| | QUASE SEMPRE | HABILIDADES EMERGENTES | A MELHORAR |
| Todos os públicos recebem mensagens visuais positivas ao entrar na escola. | ☐ | ☐ | ☐ |
| Foi dada atenção especial à elaboração do logotipo, pois ele promove uma imagem positiva para a escola. | ☐ | ☐ | ☐ |
| O logotipo da escola é encontrado em diversos materiais próprios e em todos os documentos importantes. | ☐ | ☐ | ☐ |
| Os funcionários são sempre facilmente reconhecidos pelas famílias através de seus crachás. | ☐ | ☐ | ☐ |
| Os membros da equipe são treinados para questionar qualquer adulto que se encontre em uma sala de aula sem identificação adequada. | ☐ | ☐ | ☐ |
| Os crachás dos alunos foram criados para ajudar os novos alunos a identificar suas áreas pessoais. | ☐ | ☐ | ☐ |
| Os alunos nunca usam crachás quando estão fora da sala de aula. | ☐ | ☐ | ☐ |
| Os materiais de escritório profissionais são sempre utilizados na confecção de documentos importantes. | ☐ | ☐ | ☐ |
| A escola implantou um sistema visualmente atraente e eficaz para a entrega de folhetos, boletins e projetos. | ☐ | ☐ | ☐ |
| Os quadros de avisos são utilizados para fornecer informações importantes, tanto de interesse de toda a escola, como específicas de um programa. | ☐ | ☐ | ☐ |
| As famílias podem conhecer melhor os funcionários através das biografias fixadas nos murais. | ☐ | ☐ | ☐ |
| Os álbuns de recortes são utilizados para contar a história de sua escola. | ☐ | ☐ | ☐ |
| As famílias têm uma maneira de apresentar sugestões e comentários informais. | ☐ | ☐ | ☐ |

# Relatórios de acompanhamento para avaliar a aprendizagem e a satisfação das famílias

capítulo 8

## Pontos-chave:

- Como elaborar relatórios de acompanhamento que comuniquem as realizações das crianças às famílias.
- Como usar uma avaliação para medir a satisfação das famílias.
- Como sua escola de educação infantil atenderia aos critérios nacionais de certificação.

A avaliação é um componente crucial para o sucesso de qualquer escola de educação infantil. Geralmente, é a última etapa de um processo de três estágios no desenvolvimento de uma ideia: o primeiro é avaliar as necessidades do seu público; em seguida, é preciso implantar um programa desenvolvido para atender a essas necessidades e, por fim, deve-se avaliar o sucesso do seu programa. Com base nos resultados da avaliação, é possível refinar mais e aprimorar o programa. O ciclo de análise, implantação e avaliação aparece repetidas vezes na área da educação infantil.

O objetivo final de qualquer escola é promover o desenvolvimento das crianças. A avaliação do currículo e da equipe quanto à realização dos objetivos de aprendizagem e desenvolvimento pretendidos pode ser comunicada por meio dos relatórios de acompanhamento dos alunos. Outro objetivo comum para uma escola é o de manter um elevado nível de satisfação das famílias com os serviços prestados, o que pode ser medido por meio do preenchimento de um Formulário de Avaliação da Família. Uma avaliação adicional da creche como um todo pode ser realizada por meio de associações nacionais relacionadas à educação infantil, como a National Association for the Educational of Young Children (NAEYC) e a National Association of Child Care Professional (NACCP).[1] As duas associações realizam avaliações abrangentes quanto à adesão às normas nacionais de excelência.

A comunicação entre os professores e as famílias sobre o desenvolvimento das crianças deve ocorrer de modo informal e regular. Sempre que surgir um problema em sala de aula que seja motivo de preocupação para o professor, a família deve ser informada imediatamente. As questões que exigem atenção imediata são aquelas que envolvem problemas de comportamento consistentes, que impedem a aprendizagem ou produzem um ambiente perigoso, dificuldades estas que podem ser indicativas de um problema médico que exige cuidados imediatos, ou qualquer sinal ou sintoma de uma situação potencialmente abusiva.

A implantação das estratégias de comunicação discutidas nos capítulos anteriores também permitirá às famílias acompanhar o desenvolvimento de seus filhos ao longo do ano. Conforme discutido no Capítulo 6, deve-se fornecer às famílias um folheto referente à proposta curricular, descrevendo quais aspectos do desenvolvimento serão trabalhados durante o ano. A família poderá verificar as atividades concluídas colocadas na caixa de correspondência da criança diariamente para acompanhar as aprendizagens de seu filho a cada unidade curricular concluída. Os pais que prestam muita atenção ao trabalho enviado para casa, em geral, conseguem captar as áreas em que seu filho se destaca e outras em que suas aprendizagens estão começando a despontar.

## Primeiro relatório de acompanhamento

Avaliações mais formais do desenvolvimento de uma criança devem ser preenchidas, pelo menos, duas vezes durante o ano letivo. O primeiro relatório de acompanhamento deve ser preenchido e entregue às famílias no primeiro semestre, apenas al-

---

[1] No Brasil, avaliações das escolas de educação infantil são realizadas pelos sistemas de ensino. (NRT)

guns meses após a criança ter sido matriculada no programa. Os primeiros meses de escola são o tempo necessário para a criança se adaptar a seu novo ambiente. Depois de um professor ter trabalhado com uma criança por um ou dois meses, ele deve identificar as áreas nas quais ela já se desenvolveu.

É importante notar que todas as avaliações de crianças na escola de educação infantil e na pré-escola devem centrar-se em seus pontos fortes e suas realizações, uma vez que cada criança tem um conjunto único de talentos e habilidades. Os anos de educação infantil são o momento de proporcionar o desenvolvimento integral das crianças pequenas. As avaliações na educação infantil são muito diferentes dos relatórios tradicionais que as crianças receberão na escola de ensino fundamental. O objetivo da avaliação aqui é relatar o desenvolvimento da criança, uma tarefa que não pode ter falha. Cada criança tem capacidade de aprender os conhecimentos necessários para um desenvolvimento bem-sucedido, porém o tempo necessário para o domínio desses conhecimentos difere de uma criança para outra. Por essa razão, a primeira avaliação na educação infantil deve abranger uma série de conhecimentos. Para denotar um conhecimento específico ou conhecimento que a criança ainda não dominou, a expressão "pode aprender" deve ser usada no lugar de "não aprendeu" ou "insatisfatório". Sempre que possível, o professor deve incluir exemplos concretos que evidenciem a capacidade da criança. Por exemplo, se uma criança recentemente completou seu primeiro quebra-cabeças, isso deve ser incluído como evidência do surgimento de coordenação motora fina.

Os professores devem estar cientes da importância que as famílias dão a essas avaliações e, portanto, devem considerar os comentários com cuidado para garantir que sejam todos positivos e específicos para a criança que está sendo avaliada. Fornecer exemplos específicos também mostra às famílias que o professor está focado nas necessidades individuais de cada criança, além das necessidades da classe como um todo. Toda família gosta de ter certeza de que seu filho está recebendo atenção e orientação individualizadas.

**Atividade 8.1** Desenvolvimento da primeira avaliação formal na educação infantil

Empregando o modelo disponível a seguir, crie um relatório de acompanhamento a ser enviado às famílias aproximadamente dois meses após a matrícula das crianças no programa. O foco desse relatório é dar às famílias informações sobre as realizações de seus filhos.

## Primeira avaliação formal na educação infantil

**Exemplo de avaliação para crianças de 3 anos**

O objetivo da avaliação a seguir é proporcionar aos pais de nossos alunos da escola de educação infantil informações sobre realizações de seus filhos. Na escola, as crianças são apresentadas a muitas experiências e conhecimentos novos em seu primeiro ano. Durante todo esse tempo, as crianças se tornam mais independentes, crescem e se desenvolvem em ritmo acelerado. O gráfico anexo dará aos pais uma ideia de como seus filhos têm se desenvolvido desde o início do ano letivo. No segundo semestre, será preparado um perfil mais aprofundado de cada criança e será marcada uma reunião dos pais com os professores para todas as crianças. A qualquer momento durante o ano letivo, se algum pai tiver dúvida ou preocupação sobre o desenvolvimento de seu filho, aconselhamos que procure o professor da sua classe.

Nossa avaliação completa para os pais do programa para crianças de 3 anos consiste em duas páginas de ilustrações. Cada ilustração apresenta um indicador do desenvolvimento da criança em determinado aspecto. Há também espaço disponível para o professor acrescentar uma explicação, se necessário.

### ALCANCE DAS HABILIDADES

| QUASE SEMPRE | EMERGENTES | PODE APRENDER |
|---|---|---|
| Q | E | P |

Uma dessas três letras acima aparecerá na caixa abaixo da habilidade ou tarefa. Haverá um comentário resumido a seguir se o professor assim desejar. Lembre-se de que este não é um sistema de classificação! É apenas uma ferramenta para observar o desenvolvimento de seu filho.

## Segundo relatório de acompanhamento

Uma segunda avaliação formal de cada criança deve ser realizada no segundo semestre, pouco antes da conclusão do programa. Além de uma avaliação por escrito, uma reunião entre o professor e a família deve ser agendada para discutir o desenvolvimento da criança durante o ano. Os procedimentos envolvendo o segundo relatório de acompanhamento são normalmente mais formais que aqueles utilizados na avaliação do primeiro semestre. O relatório de acompanhamento do segundo semestre deve avaliar cada criança quanto a uma série de objetivos de desenvolvimento. Para estruturar a avaliação de modo a ser facilmente compreendida e discutida com as famílias, deve-se considerar a divisão das competências em várias categorias distintas. Por exemplo, crianças de 4 anos podem ser avaliadas quanto a competências relacionadas a autoestima, desenvolvimento social, habilidades em classe, coordenação motora grossa e fina, desenvolvimento de linguagem, habilidades de aprendizagem e conscientização familiar. Sob cada categoria de competência, a avaliação deverá listar de cinco a dez objetivos adequados a uma criança de 4 anos. Por exemplo, sob o título Habilidades em Classe, podem ser listados os objetivos de "escuta e segue instruções", "conclui as atividades" e "pede ajuda quando necessário".

O professor deve reservar um tempo para sentar com cada criança a fim de completar seu relatório de acompanhamento. A avaliação de alguns dos objetivos, como "escuta e acompanha as atividades", será baseada na experiência acumulada

**QUANDO A COMUNICAÇÃO É INTERROMPIDA**

FAMÍLIA: "Recebi o relatório de acompanhamento de Samantha e não entendo por que ela recebeu a menor pontuação no item sobre a capacidade de cuidar de seus pertences pessoais."

PROFESSOR: "Bem, essa categoria envolve ser capaz de guardar sua lancheira e pendurar sua mochila em seu armário. Nunca vi Samantha fazer essas coisas na parte da manhã, então, anotei a habilidade como uma necessidade a ser desenvolvida."

FAMÍLIA: "Todas as manhãs, Samantha entra em sua sala de aula, coloca sua lancheira e sua mochila no armário. Não posso acreditar que minha filha está em sua classe há dois meses e você não notou isso."

RESULTADO: A família estava correta quanto ao fato de Samantha ser capaz de cuidar de seus pertences. Uma vez que o professor nunca havia testemunhado essa rotina, supôs erroneamente que Samantha ainda não realizasse essas tarefas. A família questionou se Samantha recebe atenção pessoal durante o restante do dia na escola. Com isso, os pais perderam a confiança na capacidade do professor para avaliar corretamente sua filha.

LIÇÃO DE COMUNICAÇÃO: As avaliações são cuidadosamente revistas pelas famílias. É necessário ter cuidado ao preencher cada área da avaliação. Se não sentir que pode avaliar com precisão uma criança quanto a determinado parâmetro, então, esse espaço deve ser deixado em branco.

do professor com a criança durante todo o ano. Entretanto, a avaliação de outros objetivos, como "autoidentificação pelo nome completo", será feita com base no desempenho durante o tempo de avaliação frente a frente. A fim de tornar a avaliação uma experiência mais envolvente para as crianças, o professor deve preparar as atividades relacionadas a objetivos mensuráveis. Por exemplo, se um dos objetivos previstos sob o título Coordenação Motora Grossa e Fina foi a capacidade de "recortar um desenho com a tesoura", o professor deve pedir à criança que demonstre essa habilidade usando um desenho pré-selecionado. O resultado pode ser mostrado à família na reunião como exemplo do desenvolvimento da criança.

**Atividade 8.2** Desenvolvimento da segunda avaliação formal na educação infantil

Empregando o modelo a seguir, crie um relatório de acompanhamento a ser entregue às famílias próximo à conclusão do programa anual. O foco desse relatório é fornecer às famílias informações sobre as realizações de seus filhos. O relatório de acompanhamento também deve fornecer informações sobre todas as áreas nas quais a criança deve continuar a crescer e se desenvolver.

## Reunião de pais e mestres

A apresentação da avaliação do segundo semestre deve ser feita em uma reunião entre o professor e a família. Em geral, essas reuniões têm a duração de 30 a 45 minutos e são agendadas no momento em que a única responsabilidade do professor é conversar com a família. Uma vez que a reunião anual entre o professor e a família é um evento tão importante, deve-se garantir que todas as famílias tenham a oportunidade de comparecer. Sua escola pode facilitar esse aspecto, notificando-as sobre as datas das reuniões com, pelo menos, seis meses de antecedência e oferecendo várias opções para horários para a reunião. Como lembrete, um boletim informativo deve ser enviado às famílias dois meses antes da data das reuniões e deve ser afixado um recado no quadro de avisos da escola. Um mês antes do evento, um calendário deve ser afixado no quadro de avisos da escola ou da sala de atividades, relacionando os horários de reunião disponíveis.

A escola de educação infantil também deve planejar com cuidado a logística dos dias de reunião, pois os professores precisam se concentrar em cada família durante o horário da reunião. Se as reuniões forem realizadas durante o horário em que as crianças estão na escola, será necessário que um professor substituto assuma as atividades na sala de aula. As reuniões deverão ocorrer em local tranquilo, confortável e privado. Deve haver o mínimo de interrupções de forma que o tempo previsto possa ser usado de forma eficaz.

O professor precisará se preparar cuidadosamente para cada reunião, o que inclui reunir tanto materiais de avaliação como qualquer outra documentação de apoio. Devem ser selecionadas várias amostras do trabalho da criança que demonstrem seu crescimento e desenvolvimento ao longo do ano. Por exemplo, um autorretrato feito por uma criança durante a primeira semana de aula pode ser

## Modelo da segunda avaliação pré-escolar formal

---

**Avaliação para crianças de 4 anos**

Nome: _____ Professor: _____

Data de nascimento: _____ Data: _____

✓ + Excelente          ✓ Bom          ✓ – Área de crescimento

---

Nossas crianças de 4 anos são avaliadas quanto a autoestima, habilidades sociais, habilidades em classe, coordenação motora grossa e fina, habilidades de linguagem (apropriada à idade), habilidades de aprendizagem e conscientização familiar. A seguir, são listados apenas exemplos de um ou dois objetivos por categoria. Nessa avaliação, as crianças são avaliadas em oito ou nove objetivos em cada categoria. Há também uma avaliação de habilidades adicionais que envolve um autorretrato e um exercício com tesouras.

Autoestima

| | |
|---|---|
| | Identifica o nome completo |
| | Procura outras crianças para brincar |

Habilidades sociais

| | |
|---|---|
| | Compartilha e reveza |
| | Tem um amigo especial |

Habilidades em sala de aula

| | |
|---|---|
| | Ouve e segue instruções |
| | Completa as atividades |

Coordenação motora grossa e fina

| | |
|---|---|
| | Pode saltar, pular, subir |
| | Pode desenhar |

Habilidades de linguagem

| | |
|---|---|
| | Expressa sentenças completas |
| | Inicia conversas |

Habilidades de aprendizagem

| | |
|---|---|
| | Sabe seu nome completo, endereço, número de telefone, aniversário e idade |
| | Reconhece as letras de A a Z |

Conscientização familiar

| | |
|---|---|
| | Quantas pessoas têm em sua família? |
| | Você tem algum animal de estimação? Qual é o nome dele? |

Nome _____
Autorretrato

comparado a um autorretrato realizado oito meses depois. Embora a avaliação formal por escrito possa descrever os avanços na coordenação motora fina, autoconhecimento e nível de maturidade, comparando-se dois autorretratos apresenta-se as mesmas informações de forma visual.

Assim como acontece com o relatório de acompanhamento do primeiro semestre, o relatório do segundo deve enfatizar áreas nas quais a criança mostrou mais desenvolvimento. As áreas nas quais a criança ainda não apresentou o resultado esperado para sua idade devem ser designadas como áreas em desenvolvimento, pois são campos nos quais a criança está se desenvolvendo mais lentamente do que seus colegas de classe. Em muitos casos, tudo o que a criança necessita para acompanhar o ritmo da classe é tempo. As famílias devem ser informadas de que trabalhar com a criança em casa em algumas dessas habilidades pode ajudar no seu desenvolvimento. É importante enfatizar em sua avaliação que todas as crianças se desenvolvem em ritmos diferentes e uma avaliação que aponte uma área onde é necessário crescimento não deve ser motivo de preocupação. O professor deve fornecer às famílias exemplos específicos para esclarecer seu raciocínio, indicando que é necessário desenvolver mais uma habilidade ou capacidade. Sempre que possível, as atividades da própria criança devem ser utilizadas para explicar esses pontos.

Um professor experiente, geralmente, pode identificar uma criança que necessite de serviços que estão além do âmbito da sala de aula regular. Há uma grande variedade de profissionais disponíveis para trabalhar com crianças com dificuldade em atingir as metas de desenvolvimento. Em alguns casos, a criança pode necessitar dos serviços especiais oferecidos por um fonoaudiólogo, fisioterapeuta ou psicólogo. No entanto, essas são decisões médicas que devem ser feitas por um profissional da área. Os professores podem recomendar à família que levem a criança para uma consulta com seu pediatra para que ela seja avaliada quanto a suas necessidades especiais, mas ele nunca deve rotular ou tentar diagnosticar uma criança, pois isso foge à sua área de atuação.

---

**Atividade 8.3** Preparação para uma reunião entre pais e professor

As questões a seguir podem ser utilizadas para ajudar a preparar uma reunião entre o professor e os pais. Sempre que possível, devem ser apresentados exemplos específicos à família.

A criança apresentou maior desenvolvimento nas seguintes áreas

A atividade que a criança mais gosta é

A criança fica mais animada e atenta quando

A melhor forma de redirecionamento para essa criança é

Um dos objetivos que a família poderia trabalhar em casa com a criança é

---

A atmosfera de uma reunião entre pais e professor pode ser emocionalmente carregada. Essa pode ser uma situação intimidadora para muitos profissionais da área de educação infantil. Na preparação para as reuniões, a escola deve considerar a inclusão de atividades de dramatização em uma reunião de equipe. Os cenários possíveis incluem um membro da família que discorda de uma avaliação, acredita que a criança possui áreas a serem desenvolvidas devido a um ensino ineficaz, ou que se concentrou em uma área que precisa de crescimento, ignorando todas as competências que apresentaram melhora. Embora os professores possam não se deparar com essas situações, a preparação antecipada pode ajudá-los a lidar com elas de maneira profissional caso ocorram.

No Capítulo 3, discutimos formas para a equipe avaliar a escola e sua administração, além de como as famílias podem fornecer um *feedback* sobre a equipe através de uma caixa de sugestões. O componente que está faltando é um método para as famílias avaliarem formalmente a escola de educação infantil como um todo. Famílias satisfeitas são a melhor propaganda para a sua escola, porém o que muitas escolas não conseguem perceber é que uma família pode não estar satisfeita, mas não tomam a iniciativa de manifestar sua insatisfação com a administração. Ao assumir que nenhuma notícia é boa, o sucesso de sua escola fica em perigo. Famílias insatisfeitas podem dissuadir famílias potenciais de conhecerem a escola. Também podem prejudicar sua reputação na comunidade, o que comprometerá todos os seus incentivos de marketing. Se uma família não está satisfeita com o serviço oferecido, é preciso descobrir o motivo dessa insatisfação e trabalhar para ver se a situação pode ser corrigida. A única forma de determinar o nível de satisfação entre as famílias é criar um Formulário de Avaliação da Família.

## Formulário de Avaliação da Família

O Formulário de Avaliação da Família pode ser colocado nas caixas de correspondência de todas as crianças da escola. Deve-se dispor de um lugar conveniente para que os formulários preenchidos sejam devolvidos. As famílias devem ter a opção de se identificar com seus nomes ou preencher o formulário de forma anônima. Obviamente, só poderá resolver questões específicas diretamente com as famílias que fornecerem seus nomes. Mesmo que todos os Formulários sejam devolvidos anonimamente, haverá um retrato exato do que as famílias honestamente pensam a respeito da sua escola.

O Formulário de Avaliação da Família deve solicitar a avaliação de todos os aspectos da escola, incluindo funcionários, programas, instalações físicas e equipamentos e a postura das crianças. O formulário deve ser elaborado de modo que possa ser analisado tanto quantitativa quanto qualitativamente. O uso de perguntas de múltipla escolha permitirá atribuir uma pontuação a cada formulário preenchido. Essas pontuações podem ser calculadas em conjunto para obter uma pontuação geral, tanto por programa quanto pela escola como um todo. Como nem todos os parâmetros de avaliação se prestam a respostas de múltipla escolha, também será necessário incluir algumas perguntas com respostas livres. Entre elas, as mais importantes são: "O que eu gosto mais sobre a escola?" e "O que eu menos gosto sobre a escola?".

## Atividade 8.4 Criar um Formulário de Avaliação da Família

Empregando o modelo disponível a seguir, crie um formulário destinado a avaliar o nível de satisfação das famílias com a escola de educação infantil.

## Modelo de avaliação das famílias

---

### Formulário de Avaliação da Família

Nossa escola sempre incentivou e acolheu os comentários de nossas famílias. Todas as ideias e comentários recebidos são utilizados para rever e melhorar nosso programa, quando necessário. Agradecemos o tempo dedicado para preencher este Formulário de Avaliação da Família. Não há necessidade de assinar o formulário, no entanto, se você tiver um problema específico que gostaria de discutir, pode colocar seu nome. Este formulário pode ser devolvido por meio da caixa para Formulário de Avaliação da Família localizada em nosso saguão. Obrigado por seu tempo e contribuição.

Indique o programa do seu filho

\_\_\_Programa oferecido \_\_\_Programa oferecido

\_\_\_Programa oferecido \_\_\_Programa oferecido

Número de anos que sua família está associada à escola _____

Insira o número no espaço em branco que mais reflete com precisão sua opinião sobre a afirmação à direita em cada uma das seguintes categorias.

5 – Concordo plenamente

4 – Concordo

3 – Concordo em parte

2 – Discordo em parte

1 – Discordo plenamente

**Funcionários**

\_\_\_Os funcionários tratam meu filho com respeito.

\_\_\_Os funcionários assumem as responsabilidades com seriedade e são consistentes no que dizem e fazem.

\_\_\_[Parâmetros adicionais de avaliação]

\_\_\_[Parâmetros adicionais de avaliação]

**Programa**

\_\_\_As crianças são expostas a uma série de atividades de aprendizagem adequadas.

\_\_\_As crianças participaram em uma série de excursões.

\_\_\_[Parâmetros adicionais de avaliação]

\_\_\_[Parâmetros adicionais de avaliação]

**Instalações físicas e equipamentos**

\_\_\_Os equipamentos internos e externos estão em bom estado de conservação.

\_\_\_Existe uma boa seleção de livros, brinquedos e outros materiais didáticos.

\_\_\_[Parâmetros adicionais de avaliação]

\_\_\_[Parâmetros adicionais de avaliação]

---

## Modelo de avaliação das famílias (*continuação*)

**Postura das crianças**

___Meu filho expressa-se de forma positiva sobre a escola de educação infantil.

___Meu filho aprendeu novos conhecimentos na escola de educação infantil.

___[Parâmetros adicionais de avaliação]

___[Parâmetros adicionais de avaliação]

**Geral**

___Sinto que meu filho está seguro e protegido na escola.

___As instalações são convenientes para mim.

___[Parâmetros adicionais de avaliação]

___[Parâmetros adicionais de avaliação]

**Comentários**

O que mais gosto na escola

_____

_____

_____

O que menos gosto na escola

_____

_____

_____

Minha opinião sobre a direção da escola

_____

_____

_____

Gostaria de ver as seguintes mudanças e melhorias

_____

_____

_____

Comentários adicionais livres:

Depois de analisar os Formulários de Avaliação da Família, você terá uma boa ideia a respeito de que áreas da escola precisam ser melhoradas. O retorno desses formulários reinicia as fases de avaliação, implantação e avaliação. A satisfação das famílias foi avaliada utilizando os Formulários de Avaliação da Família. Agora, deve implantar as mudanças necessárias e reavaliar a situação posteriormente.

## Critérios nacionais de certificação

O último tipo de avaliação é realizado por um grupo de indivíduos que não pertencem a seus cinco públicos-alvo: órgãos de licenciamento estaduais e agências nacionais de certificação da educação infantil. Os requisitos para o licenciamento são variáveis dependendo do Estado onde a escola está localizada. É necessário ler cuidadosamente e aprender as exigências de seu Estado antes de abrir uma escola. Um bom lugar para começar é o National Resource Center for Health and Safety in Child Care – NRC (Centro Nacional de Recursos para Saúde e Segurança nas Escolas). Essa agência é uma divisão da Secretaria de Saúde Materno-Infantil, do Departamento de Saúde e Serviços Humanos dos Estados Unidos. O NRC mantém um banco de dados com os requisitos de licenciamento para todos os cinquenta estados e o Distrito de Columbia. Você pode acessar as informações no site: http://nrc.uchsc.edu, sob State Licensing and Regulation Information. O rigoroso cumprimento dessas regulamentações é a única forma de estabelecer uma relação positiva com o órgão de licenciamento estadual. Uma vez que as regulamentações estão sujeitas a alterações, é uma boa ideia estabelecer um relacionamento com o funcionário para o licenciamento no Estado. Informações de contato por Estado também estão disponíveis no site do NRC. Esses funcionários estão disponíveis para responder a perguntas e são um recurso extremamente valioso para qualquer profissional da área de educação infantil.[2]

---

**Atividade 8.5** Determinar os requisitos de licenciamento

Leia os requisitos de licenciamento de seu Estado para pré-escolas, escolas de educação infantil e creches. Anote as diferenças entre os requisitos de licenciamento para cada uma delas. Certifique-se de verificar a razão entre adultos e crianças, bem como os requisitos de pessoal e instalações.

---

Existem duas grandes organizações nacionais nos Estados Unidos que concedem certificações para escolas de educação infantil: a National Association for the Education of Young Children (NAEYC) e a National Association of Child Care Professionals (NACCP). A NAEYC existe com a finalidade de liderar e consolidar os esforços de indivíduos e grupos que trabalham para obter um desenvolvimento saudável e educação construtiva para todas as crianças. Atenção especial é dedicada para garantir que as crianças tenham acesso a programas de alta qualidade voltados

---

[2] No Brasil, as escolas de educação infantil estão vinculadas aos sistemas municipais de ensino. Tais sistemas possuem órgãos responsáveis pelo estabelecimento de critérios de credenciamento e funcionamento das escolas de educação infantil, além de órgãos responsáveis pela supervisão de seu funcionamento. O Ministério da Educação, por sua vez, publica uma série de documentos para subsidiar os municípios na supervisão que realizam das escolas sob sua responsabilidade. Tais documentos podem ser acessados por meio do site: www.mec.gov.br. O Conselho Nacional de Educação define diretrizes a serem observadas pelas escolas de educação infantil. Essas diretrizes também podem ser acessadas pelo site do Ministério da Educação, no link para o Conselho Nacional de Educação. Veja, por exemplo, a Resolução CNE/CEB 05/2009. (NRT)

para a primeira infância. O objetivo da Certificação da NAEYC é melhorar a qualidade do atendimento e da educação fornecidos às crianças nas escolas dos Estados Unidos. As instituições certificadas pela NAEYC têm demonstrado o compromisso de fornecer um programa de alta qualidade para as crianças e suas famílias. Antes de conceder a certificação a uma escola, ela deve ser visitada por validadores profissionais que avaliam-na para garantir a conformidade com os dez critérios de certificação. Mesmo se não estiver interessado em obter a certificação da NAEYC, esses critérios podem ser utilizados para realizar uma autoavaliação de sua escola e seus programas. Os dez critérios para a certificação são:

- interações entre professores e crianças;
- currículo;
- relações entre professores e famílias;
- qualificação e desenvolvimento profissional dos funcionários;
- administração;
- funcionários;
- ambiente físico;
- saúde e segurança;
- nutrição e serviços de alimentação;
- avaliação.

INTERAÇÕES ENTRE OS PROFESSORES E AS CRIANÇAS. Interações entre crianças e adultos proporcionam oportunidades para que as crianças desenvolvam uma compreensão de si e dos outros e são caracterizadas pela cordialidade, respeito pessoal, individualidade, apoio positivo e receptividade. Os professores devem facilitar as interações entre as crianças a fim de proporcionar oportunidades para o desenvolvimento da autoestima, competência social e crescimento intelectual.

PROPOSTA CURRICULAR. A proposta curricular inclui os objetivos do programa (o conteúdo que as crianças estão aprendendo) e as atividades planejadas, bem como a programação diária, a disponibilidade e a utilização de materiais, as transições entre as atividades, e a forma na qual as tarefas da vida cotidiana são empregadas como experiências de aprendizagem. Os critérios para a implantação da proposta curricular refletem o conhecimento de que as crianças são aprendizes ativos, que se baseiam na experiência física e social direta, assim como do conhecimento culturalmente transmitido, para construir sua compreensão do mundo ao seu redor.

RELAÇÕES ENTRE PROFESSORES E FAMILIARES. Os professores e as famílias trabalham em estreita parceria para garantir a alta qualidade dos cuidados e da educação proporcionados às crianças, levando os pais a se sentir apoiados e bem-vindos como observadores e colaboradores do programa.

QUALIFICAÇÃO E DESENVOLVIMENTO PROFISSIONAL DOS FUNCIONÁRIOS. Os funcionários da escola de educação infantil são pessoas que compreendem o desenvolvimento da criança e da família e que reconhecem e atendem às necessidades de desenvolvimento e aprendizagem das crianças e das famílias.

**ADMINISTRAÇÃO.** A escola é administrada de forma eficiente e eficaz, com atenção voltada para as necessidades e os desejos das crianças, das famílias e dos funcionários.

**FUNCIONÁRIOS.** A escola conta com funcionários em número suficiente para atender às necessidades e promover o desenvolvimento físico, social, emocional e cognitivo das crianças.

**AMBIENTE FÍSICO.** O ambiente físico, interno e externo, estimula o crescimento e o desenvolvimento ideais por meio de oportunidades para a exploração e aprendizagem.

**SAÚDE E SEGURANÇA.** A saúde e a segurança das crianças e adultos são protegidas e aprimoradas.

**NUTRIÇÃO E SERVIÇOS DE ALIMENTAÇÃO.** As necessidades nutricionais de crianças e adultos são satisfeitas de maneira a promover o desenvolvimento físico, social, emocional e cognitivo.

**AVALIAÇÃO.** A avaliação sistemática da eficácia do programa em cumprir suas metas com relação às crianças, às famílias e à equipe de funcionários é realizada para garantir que seja proporcionada e mantida a boa qualidade de atendimento e educação, e que o programa se esforce continuamente para a melhoria e inovação.

Mais informações sobre a NAEYC e o processo de certificação podem ser encontradas em: http://www.naeyc.org.

A National Accreditation Commission for Early Care and Education Programs – NAC (Comissão Nacional de Certificação para Programas de Atendimento e Educação Infantil) é a divisão da NACCP que concede certificação a escolas de educação infantil. A NAC reconhece a diversidade dos programas de atendimento e educação infantil, bem como a singularidade de cada um deles. A filosofia da comissão é identificar e reconhecer publicamente os programas de atendimento e educação infantil licenciados e regulamentados com as seguintes características:

- é reconhecido pelas autoridades públicas por apresentar alto grau de conformidade com as exigências aplicáveis em âmbito estadual e local;
- administra de forma profissional e com responsabilidade perante seu corpo diretivo, famílias, funcionários e público;
- articula, adota e implanta objetivos e metas utilizados no planejamento e na avaliação do programa, refletindo sensibilidade multicultural;
- demonstra atenção adequada às áreas de saúde, segurança e nutrição, como indicado pelo cumprimento das exigências aplicáveis ao programa (por exemplo, USDA Child Nutrition Program) e/ou às exigências estaduais e locais;
- dedica prioridade ao desenvolvimento saudável e adequado de cada criança;
- promove alegria, descoberta, autoestima e perspectivas positivas em todas as crianças do programa;
- adota e implanta um currículo que promove o desenvolvimento social, emocional, físico e cognitivo das crianças de forma criativa e exploratória;
- planeja e implanta o desenvolvimento profissional dos funcionários com base nas necessidades, nos interesses e nas habilidades identificadas por avaliações contínuas;

- demonstra que os funcionários se relacionam de forma profissional e tranquila com pais e filhos;
- promove e acolhe de bom grado a participação e o envolvimento dos pais;
- realiza uma avaliação contínua e permanente do progresso e das necessidades das crianças;
- mantém suas instalações internas e externas de forma higiênica e segura.

Informações adicionais sobre a NACCP e a NAC podem ser encontradas em: http://www.naccp.org. Como os dez critérios para certificação exigidos pela NAEYC, a filosofia delineada pela NAC pode ser aplicada para um autoestudo e uma avaliação. Se sua escola obteve a certificação concedida por uma dessas organizações nacionais, deve estar orgulhoso por ser considerada entre as melhores do país. A conclusão bem-sucedida dessas avaliações rigorosas e totalmente inclusivas é uma prova não somente de suas habilidades eficazes de comunicação, mas também de sua capacidade para avaliar, implantar e avaliar todos os aspectos de seus programas.

## Relatório de progresso de comunicação

| Habilidade ou tarefa | Alcance das habilidades | | |
|---|---|---|---|
| | QUASE SEMPRE | HABILIDADES EMERGENTES | A MELHORAR |
| O ciclo de análise, implantação e avaliação ocorre continuamente. | ☐ | ☐ | ☐ |
| Os funcionários estão cientes dos problemas que devem ser imediatamente levados ao conhecimento das famílias das crianças. | ☐ | ☐ | ☐ |
| As famílias receberam informações suficientes para analisar de modo informal os progressos de seu filho regularmente. | ☐ | ☐ | ☐ |
| Pelo menos, duas avaliações formais são entregues às famílias no decorrer do ano letivo. | ☐ | ☐ | ☐ |
| As avaliações focam-se no crescimento e nas melhorias. | ☐ | ☐ | ☐ |
| Os professores encaram as reuniões entre pais e professores com seriedade e se preparam para a família de cada criança. | ☐ | ☐ | ☐ |
| Sempre que possível, o trabalho real realizado pela criança é analisado nas reuniões de pais e professores. | ☐ | ☐ | ☐ |
| As famílias têm uma forma de fornecer um *feedback* anônimo sobre o seu nível de satisfação com a escola. | ☐ | ☐ | ☐ |
| O *feedback* das famílias é cuidadosamente analisado e são realizadas mudanças com base nos comentários recebidos. | ☐ | ☐ | ☐ |
| A escola apresenta um bom desempenho quando avaliada conforme as legislações e documentos elaborados para as escolas e pré-escolas. | ☐ | ☐ | ☐ |

# Planejamento de eventos especiais bem-sucedidos

capítulo 9

## Pontos-chave:

- Como planejar de modo eficaz os quatro diferentes tipos de eventos especiais.
- Como eventos especiais podem melhorar a comunicação com todos os seus públicos-alvo.
- Como os *checklists* podem ajudar a garantir que seu evento seja um sucesso.

A educação infantil é uma área competitiva e, para se destacar, é necessário oferecer algo a mais aos pais que o currículo-padrão. Eventos especiais são uma ótima maneira de reforçar o conhecimento que as famílias têm da escola e de seus funcionários. Podem também proporcionar uma forma para que as famílias se envolvam mais nas atividades cotidianas da escola de educação infantil de seu filho. As oportunidades para comunicação e interação positivas em eventos especiais são ilimitadas, desde que o planejamento adequado tenha sido concluído antes da data programada. Por natureza, os eventos especiais são propensos a gerar muita atenção para a escola e, por isso, é preciso garantir que essa atenção destaque os pontos fortes e seus funcionários. Organização, preparação e comunicação são componentes essenciais na administração de um evento especial bem-sucedido.

O termo "evento especial" é bastante amplo em sua definição. Simplificando, um evento especial é qualquer atividade planejada que está fora do escopo de atividades diárias normais. Neste capítulo, discutiremos os quatro principais tipos de eventos especiais. Na tabela a seguir, os eventos foram divididos em categorias baseadas no responsável pelo planejamento, público-alvo e objetivo do evento especial.

Todos os eventos especiais exigirão um planejamento por parte dos funcionários da escola. Para alguns eventos, como uma reunião informal tipo "open-house", essa atribuição caberá exclusivamente aos funcionários; no entanto, para o planejamento de outros eventos, a responsabilidade será partilhada com outros membros dos públicos-alvo. É importante notar que o sucesso do evento está nas mãos dos funcionários: enquanto as crianças e as famílias podem ser de grande ajuda e fontes de inspiração, o planejamento básico do básico é, quase sempre, uma responsabilidade da equipe. Os eventos especiais devem ser concebidos para satisfazer as necessidades de todos os públicos a que se destinam, embora isso possa ser especialmente difícil quando há uma infinidade de informações importantes a serem transmitidas para um grande público. Neste capítulo, vamos analisar os quatro tipos de eventos especiais em detalhes e discutir estratégias de planejamento e implantação.

**Quatro tipos de eventos especiais**

| Tipo de evento | Responsável pelo planejamento | Público-alvo | Objetivo | Exemplo |
|---|---|---|---|---|
| Informativo | Funcionários da escola de educação infantil. | As famílias e as crianças. | Informativo, interação entre famílias e funcionários e crianças e funcionários. | Reunião informal, noite de orientação das famílias. |
| Desempenho | Funcionários da escola, crianças. | Famílias. | Entretenimento, interação entre famílias e funcionários. | Comemoração do Dia das Mães, Formatura. |
| Enriquecimento curricular | Funcionários da escola. | Crianças. | Entretenimento, experiência de aprendizagem, interação entre crianças e funcionários. | Festa do Dia do Amigo, excursões. |
| Envolvimento da comunidade | Funcionários da escola, crianças, famílias. | Membros da comunidade, crianças. | Experiência de aprendizagem, interação entre as crianças e a comunidade. | Cartões para veteranos, ajuda voluntária. |

## Eventos informativos

O primeiro tipo de evento é o *informativo*, que é organizado principalmente para proporcionar a seus públicos-alvo um ambiente para receber informações e fazer quaisquer perguntas que possam ter. Os eventos especiais informativos são utilizados, no máximo, no início de um programa ou ano letivo. As atividades destinadas a apresentar a escola a novas famílias precisam ser informativas e divertidas tanto para os pais como para as crianças. O principal objetivo de um evento aberto ao público, tipo "open-house", ou de um evento especial de apresentação é gerar interesse, ao mesmo tempo que alivia a ansiedade e a apreensão. As crianças precisam de uma oportunidade para explorar a escola, conhecer a nova professora e interagir com os colegas de classe: tudo isso enquanto sua família está por perto. Os pais também vão querer conhecer a escola e cumprimentar o novo professor e os colegas de classe; no entanto, também precisam de uma oportunidade para discutir os currículos, as políticas e a melhor forma de preparar seus filhos para o início das aulas. Uma maneira de garantir que as necessidades desses dois públicos sejam atendidas é dividir a apresentação da escola em dois eventos especiais distintos: o primeiro poderia ser um evento aberto ao público, projetado para permitir que as famílias e as crianças se familiarizem mais com a escola e os funcionários; o segundo pode ser uma orientação para a família, um evento somente para adultos, em que devem ser discutidos detalhes do programa.

Os convites para o evento aberto devem ser enviados para as famílias, no mais tardar um mês antes do início das aulas. A data real desse evento deve ser, aproximadamente, uma semana antes do início das aulas. Se a distância entre o evento e o início das aulas for significativamente superior a uma semana, a criança pode esquecer a experiência. Se as vagas para matrícula em sua escola forem todas preenchidas, será necessário enviar cartas a todas as famílias que fizeram a matrícula. Se ainda houver vagas disponíveis para o programa, deve-se considerar a publicação de um anúncio sobre o evento no jornal local. Embora o foco principal do evento seja familiarizar às famílias matriculadas no programa que estão prestes a iniciar, é possível também usar o evento para atrair famílias que ainda estão indecisas sobre a escolha quanto à escola em que vão matricular seus filhos para o próximo ano. As famílias indecisas, que ficarem impressionadas com o evento, podem optar por matricular seus filhos em um de seus programas.

O convite para um evento aberto deve incluir uma breve descrição do que as famílias podem esperar dele e por que é importante que participem. Algumas famílias podem não estar cientes de que muitas crianças chegam ao primeiro dia de aula mais à vontade se já tiveram alguma experiência anterior na escola. Um evento aberto oferece à criança a oportunidade de explorar e brincar sem ter a experiência da separação de seus familiares. As famílias também devem ser informadas no convite sobre que trazer para o evento, se for o caso. Se houver documentos pendentes que sejam necessários antes do início das aulas, é interessante incluir essa informação no convite para o evento aberto, dando às famílias uma oportunidade a mais para fornecer à escola todos os documentos necessários antes do primeiro dia de aula. Ser forçado a dispensar uma criança no primeiro dia de aula por causa de documentação incompleta pode ser prejudicial para a percepção tanto da criança e da família quanto à escola. Deve-se proporcionar às novas famílias todas as oportunidades possíveis para evitar esse cenário. O elemento final do convite para o evento aberto deve ser a data exata, a hora e o local em que ele ocorrerá. O evento deve ser o mais agradável possível, demonstrando às novas famílias que a escola está bem preparada para a chegada de seus filhos.

Antes do evento aberto, os funcionários devem se reunir com a administração da escola para discutir o que será esperado deles durante o evento. Normalmente, os funcionários ficam disponíveis para dar as boas-vindas aos novos alunos e suas famílias. O professor deve levar a criança e sua família para conhecer a escola, apresentando todas as áreas importantes, como o parquinho, os banheiros, os armários pessoais, a enfermaria e qualquer espaço que sirva para os pertences pessoais da criança. A sala de aula deve estar muito próxima de como estará arrumada no primeiro dia de aula. As prateleiras devem ser repletas de brinquedos e os murais e as paredes devem estar decorados. O espaço da sala de aula deve ser acolhedor e convidativo, sem ser desordenado.

O professor também deve ter à mão o crachá da criança ou ter afixado a etiqueta com o nome dela em seu armário pessoal para demonstrar que eles já pensaram sobre a chegada de cada aluno. Além disso, uma lista dos documentos pendentes deve estar fácil para que as famílias possam ser lembradas quanto à necessidade de entregá-los antes do primeiro dia de aula. As primeiras impressões são importantes e sua equipe deve estar muito atenta ao tipo de experiência que cada aluno novo traz com ele. Sempre que possível, o professor deve tentar envolver a criança em uma atividade que a deixará ansiosa por continuar quando começarem as aulas. Caso uma criança se interesse pelo aquário da sala de aula, o professor deve informá-la de que ela terá a oportunidade de alimentar os peixes durante o ano letivo. As crianças que encontraram um jogo ou brinquedo com o qual gostaram de brincar devem ser lembradas que poderão brincar novamente com ele no primeiro dia de aula. Se possível, as crianças também devem ser apresentadas a outras crianças que vão estar em suas respectivas classes. A própria natureza de um evento aberto permite que as famílias visitem a escola de educação infantil sem limitações rígidas de tempo, mas é provável que várias famílias e crianças estejam presentes ao mesmo tempo. Quando isso ocorre, as crianças e as famílias devem ser apresentadas. Um rosto familiar na sala de aula pode ser reconfortante para uma criança em seu primeiro dia.

A primeira reunião de orientação às famílias oferecerá a oportunidade de aprender mais sobre a etapa na qual seus filhos estão matriculados e conhecer os membros da equipe que interagem com eles. Esse evento é apenas para adultos e deve ser realizado no primeiro mês das aulas. Um boletim informativo sobre a reunião de orientação da família pode ser colocado nas caixas de correspondência dos alunos, além de lembretes no quadro de avisos. Esse evento normalmente é realizado à noite para que as famílias, cujos membros trabalham fora, possam comparecer. Seus funcionários devem ser informados no momento da contratação que talvez sejam convocados a participar de eventos fora do seu horário normal de trabalho, tais como a noite de orientação da família. É necessário informar às famílias sobre o evento com uma antecedência mínima de três semanas, pois terão de encontrar uma babá para seu filho a fim de comparecer. Se sua escola oferecer vários programas, com currículos diferentes, terá de realizar diversas noites de orientação da família. Durante esse evento, as famílias devem ter a oportunidade de conhecer o diretor, todos os professores e o(a) enfermeiro(a), se houver um na escola.

O principal objetivo dessa atividade é fornecer informações, mas também é uma grande oportunidade de apresentar sua escola, seus programas e funcionários. Antes de realizar uma noite de orientação da família, é necessário pensar sobre a mensagem que se deseja transmitir às famílias e sobre quais membros da equipe são os melhores embaixadores dessa mensagem. O objetivo desse evento é construir relacionamentos com as famílias e, para conseguir isso, é necessário acrescentar um toque pessoal à noite. Pode-se definir o tom da noite através de uma recepção e uma apresentação bem elaboradas. Geralmente, essa tarefa é atribuída ao diretor, mas pode ser realizada por outro membro da administração da escola.

**Atividade 9.1** Discurso de boas-vindas para a reunião de orientação da família

Antes de abordar políticas, procedimentos e acontecimentos cotidianos da escola de educação infantil, é importante envolver seu público, oferecendo uma apresentação de quem você é e qual sua função na escola. Após fornecer seu nome e sua função na escola, deixe de lado as formalidades e ofereça a seu público uma visão do ambiente de cuidado e atenção que sua escola fornece. As seguintes perguntas podem ajudá-lo a preparar as boas-vindas e o ambiente para uma reunião de comunicação aberta:

O que você mais gosta no trabalho com crianças?

Quando foi o momento em que percebeu que trabalhar com crianças era sua vocação?

O que faz desta escola um ótimo lugar para as crianças aprenderem e crescerem?

Se pudesse ensinar a uma criança apenas uma coisa, o que seria?

O que torna essa escola diferente das outras?

Qual é sua meta para o ano e como ela será atingida?

**Atividade 9.2** Desenvolver um esboço para a apresentação da reunião da família

Personalize o modelo fornecido a seguir para criar um *checklist* específico para sua escola. Ele será aplicado para desenvolver um esboço de todos os temas importantes para discussão na reunião de orientação da família.

Ao abrir as portas da escola às famílias, foi dado o primeiro passo para estabelecer uma comunicação positiva. As famílias devem pensar em você como uma pessoa, e não apenas como o administrador da escola. Depois de passar às famílias algumas informações sobre quem você é e com o que se preocupa, pode prosseguir com a parte mais informativa desse evento especial.

## Modelo de um esboço para a reunião de orientação da família

| CHECKLIST PARA A REUNIÃO DE ORIENTAÇÃO DA FAMÍLIA | |
| --- | --- |
| **Marque se foi incluído** | **Tópico de discussão** |
| ☐ | Breve descrição de todos os programas oferecidos em sua escola. |
| ☐ | Revisão do calendário do programa. |
| ☐ | Revisão do exemplo de um cronograma – como deve ser um dia típico. |
| ☐ | Revisão do currículo do programa. |
| ☐ | Visita a todas as áreas da escola que as crianças utilizam. |
| ☐ | Exemplos de projetos com base no currículo que as crianças concluirão durante o programa. |
| ☐ | Discussão dos horários dos lanches e das refeições – o que a escola oferece e o que deve ser trazido de casa. |
| ☐ | Apresentação da equipe do programa e organização dos funcionários da escola. |
| ☐ | Cada membro da equipe relata uma breve história da educação e de sua experiência. |
| ☐ | Cada membro da equipe descreve o que mais gosta no trabalho com crianças. |
| ☐ | Revisão das medidas de segurança adotadas pela escola (alarmes, registros de acesso, identificações etc.). |
| ☐ | Revisão das atividades extracurriculares disponíveis e onde eles podem receber mais informações sobre elas, se houver interesse. |
| ☐ | Revisão de eventos especiais incorporados ao programa. |
| ☐ | Discussão de oportunidades para o envolvimento da família na sala de aula e em eventos especiais. |
| ☐ | Discussão das ferramentas de comunicação entre as famílias e a escola (caixas de correspondências, murais, boletins informativos, caixa de sugestões). |
| ☐ | Revisão das ferramentas de avaliação (reuniões, relatórios de progresso, avaliação da escola pelas famílias). |
| ☐ | Revisão sobre a melhor forma de contatar os funcionários (horário de expediente, como deixar mensagens na escola, quem contatar em caso de emergência). |
| ☐ | Revisão dos materiais que as crianças precisam diariamente (lancheira, materiais para a hora do sono, roupas extras). |
| ☐ | Discussão de como as famílias serão notificadas se houver necessidade de trazer materiais extras para a escola. |
| ☐ | Apresentação da enfermeira ou do funcionário encarregado da administração de medicamentos. |
| ☐ | Revisão de documentos médicos que devem ser mantidos atualizados (exame médico, vacinação, notificação de alergias, cartão de emergência). |
| ☐ | Revisão dos suprimentos médicos na escola e orientações sobre quais procedimentos podem ser realizados pela equipe. |
| ☐ | Revisão das políticas e dos procedimentos encontrados no manual. |

Antes da reunião de orientação da família, é necessário preparar uma lista completa dos tópicos que pretende abordar e distribuir esse resumo entre os funcionários que estarão presentes no evento. Isso não somente vai ajudá-lo a garantir a abordagem de tudo que foi planejado, mas também é útil nos casos em que uma família não pode comparecer ao evento. Se uma família perdeu o evento e tem alguma pergunta sobre o que foi discutido, os membros de sua equipe serão capazes de fornecer as informações corretas.

A parte mais importante da reunião de orientação da família é a oportunidade que as famílias têm de fazer perguntas. Dependendo das limitações de tempo, pode se oferecer para responder a perguntas a qualquer momento durante a apresentação, ou pedir que as perguntas sejam reservadas para o fim. Se pedir que sejam feitas perguntas, será necessário reservar tempo suficiente dentro do cronograma do evento para respondê-las. Todas as perguntas são importantes e as famílias precisam saber que as dúvidas e os comentários são levados a sério. Se uma família tem uma pergunta específica sobre seu filho, defina um horário em particular para discutir o problema. As famílias ouviram o que você tinha a dizer, é preciso mostrar-lhes o mesmo respeito. Estabelecer esse diálogo é fundamental para a construção de uma comunicação eficaz.

## Apresentações

As apresentações são o segundo tipo de eventos especiais, nos quais as crianças trabalham em conjunto com a equipe da escola de educação infantil para planejar uma atividade a ser compartilhada com suas famílias. Essas apresentações podem ser em comemoração a um feriado, uma época do ano ou uma data importante. Apesar de existirem inúmeras oportunidades para que as crianças montem apresentações ao longo do ano, vamos nos concentrar na comemoração do Dia das Mães e na cerimônia de formatura.

Os feriados têm significados diferentes para cada família e, ao planejar eventos em torno de um feriado, é preciso ser sensível às necessidades das crianças em sua escola. Os eventos centrados em torno do Dia das Mães ou dos Pais devem ser planejados de modo que incluam as crianças que não têm a mãe ou o pai livres para a data. Uma comemoração do Dia das Mães é um modo de as crianças celebrarem com as mulheres que amam. Se houver uma criança cuja mãe não possa comparecer ao evento, ela deve convidar a avó, a tia, a amiga da família ou qualquer outra mulher de quem goste para participar. Pode ser interessante abrir o evento falando sobre a comemoração do Dia das Mães, citando todas as mulheres que ajudam a cuidar de nós. Isso pode ajudar as crianças a pensar sobre todas as mulheres em suas vidas que fazem o que elas consideram ser tarefas "maternas". Geralmente, as crianças pequenas estão cientes de que o Dia das Mães é um dia de festa, mas não são capazes de preparar uma comemoração especial sem a ajuda de outro adulto. A organização desse evento não somente ajuda a criança a comunicar seu apreço por uma mulher da qual gosta, como também permite que as mães saibam que a escola reconhece tudo o que elas fazem por seus filhos.

Qualquer evento no qual os membros da família possam comparecer à escola para uma comemoração alegre melhorará a comunicação. Nesse caso, os funcionários são capazes de ver as crianças interagirem com suas mães e as mães são capazes de ver as crianças interagindo com seus professores e colegas. É possível alcançar maior compreensão da dinâmica de grupo e dos estilos de comunicação tanto pelas famílias como pelos funcionários.

Depois de discorrer sobre a importância do Dia das Mães e de todas as mulheres que nos cercam, as crianças devem ser orientadas a fazer um convite para o evento. O convite não precisa ser extravagante, apenas algo que venha do coração. O professor deve preparar o texto para todas as crianças que ainda não conseguem escrever de forma legível. Algumas classes criam um poema para colocar no convite, outras simplesmente escrevem a hora e a data da comemoração. Deve-se incentivar as crianças a serem o mais criativas possível, pois o evento é realmente um daqueles que lhes tocam o coração. Os convites podem ser colocados na caixa de correspondência das crianças. Além do convite, o evento deve ser informado no boletim semanal e fixado no mural. A data deverá ser anunciada, pelo menos, com um mês de antecedência, para que os convidados tenham tempo de fazer as alterações necessárias em suas programações. Geralmente, é mais fácil realizar a atividade no horário da entrada ou da saída, assim as mudanças nas programações pessoais são restritas ao mínimo possível. O melhor cenário possível é aquele no qual o evento está incluído no calendário anual apresentado às famílias no início do programa. Se souber que uma criança não terá nenhum convidado, peça a um membro da equipe para ser o convidado especial daquela criança.

Esse evento deve se concentrar na participação das crianças. Na sala de aula, elas podem trabalhar com o professor para assar biscoitos ou outras guloseimas antes do evento. Podem também fazer um porta-retratos como presente a suas mães ou a outros convidados. No dia do evento, as crianças devem servir a seus convidados as guloseimas que fizeram, com um guardanapo e um prato. O professor pode treinar com as crianças para entregar os guardanapos e os pratos na hora do lanche, antes do evento. Como um agrado especial, tenha uma câmera para tirar uma foto de cada criança com seu convidado. Depois de impressa, a foto pode ser colocada na moldura que foi feita pela criança e apresentada como presente.

O sucesso do evento depende do comunicado adequado com antecedência, de modo que todas as crianças possam contar com alguém especial no dia. Embora a preparação e o planejamento reais sejam mínimos, esse evento transmite às famílias a preocupação da direção da escola com a vida familiar da criança e o desejo de envolvimento das famílias nas atividades da escola.

A formatura é um evento frequentemente associado ao ensino superior, mas as crianças também podem marcar esse momento com uma comemoração especial. Essa data deve estar claramente identificada no calendário anual no início do programa, pois muitas famílias desejam convidar outros parentes ou amigos para a comemoração. Para poder acomodar um grande número de pessoas, pode ser necessário realizar o evento em um salão, um parque ou outro espaço público. Se optar por realizar a festa em um espaço externo, deverá contar também com um plano de contingência em caso de chuva. Se o evento for modificado ou adiado, essa informação deve constar de forma clara em todos os boletins encaminhados às famílias. Um boletim com um lembrete deve ser enviado os pais com dois meses de antecedência ao evento.

Esse boletim deve conter um lembrete quanto a data, hora e local do evento, bem como quaisquer planos de contingência para o caso de intempéries. O boletim também deve especificar quem está convidado para o evento, caso seja necessário limitar o número de participantes. Além disso, é importante informar às famílias sobre quaisquer responsabilidades que elas terão antes do evento. Se está planejando um lanche coletivo para o jantar após a formatura, as famílias devem ser informadas de que terão de trazer um prato para compartilhar. Caso as crianças precisem usar uma fantasia ou algum traje especial, as famílias deverão ser informadas com antecedência suficiente para que cada criança seja devidamente preparada.

O tom da comemoração pode ser casual ou formal. No caso de uma cerimônia formal, pode-se alugar becas e capelos. Se desejar um tom casual para o evento, as crianças poderão fazer os próprios capelos ou criar uma camiseta ou chapéu especial para vestir nesse dia. Uma camiseta estampada por todas as crianças da classe é um projeto divertido e uma ótima lembrança. O aspecto importante do evento é transmitir às crianças e suas famílias que a escola está orgulhosa de suas realizações. As crianças devem ser presenteadas com um documento para comemorar suas conquistas, sendo, na maioria dos casos, um diploma. O diploma representará sua escola e as atividades, dessa forma, deve ser cuidadosamente elaborado. A elaboração de um diploma já foi discutida em detalhes no Capítulo 7. Além do diploma, a escola pode desenvolver formas de comemorar permanentemente a graduação de uma criança em suas instalações. Uma ideia é criar uma tela grande na qual as crianças possam assinar seus nomes, que pode ser pendurada nas paredes da escola, onde as novas famílias poderão ver todas as crianças dos anos anteriores. As crianças que permanecerem na escola desfrutarão de encontrar seus nomes nesse mural muito tempo após sua formatura. O mural é uma modo de comunicar às famílias que, embora a criança deva seguir adiante após a formatura, ela será sempre lembrada.

As crianças podem ter um papel mais ativo na cerimônia de formatura, trabalhando em músicas ou danças que vão apresentar às famílias. As famílias devem ser informadas quanto às rotinas para que possam trabalhar com seus filhos em casa. Além de aliviar algum medo do palco, praticar em casa também é uma estratégia eficaz para envolver toda a família. Praticar a cerimônia antes do grande dia também pode aliviar a ansiedade quanto ao desempenho. Se as crianças sabem o que esperar, elas são menos propensas a se deixar dominar pela ansiedade. Além disso, algumas crianças podem decidir não participar no dia do evento. Colocar-se em frente a uma plateia pode ser uma situação intimidadora, sendo um direito de toda criança se recusar a participar. Caso a criança decida não participar na última hora, ela deve ser levada até a sua família para que se tranquilize. A criança ao ter uma pessoa da família a seu lado, pode encorajar outras crianças inseguras a mudar de ideia. No entanto, nunca se deve forçar a participação. Uma criança assustada será motivo de preocupação não somente para sua família, mas para todas as outras famílias presentes. As crianças podem ser imprevisíveis, sendo importante ser flexível na elaboração dos planos. Como em qualquer evento, é importante lembrar que ele deve ser uma experiência gratificante para todos os seus públicos.

## Enriquecimento curricular

O objetivo do currículo da maioria das escolas de educação infantil é o desenvolvimento intelectual, social e emocional das crianças envolvidas. Uma ótima forma de promover o desenvolvimento é oferecer uma série de eventos especiais extracurriculares durante todo o ano.

As crianças que visitam um aquário estão mais propensas a aprender mais em um dia sobre os peixes e a vida aquática do que poderia ser ensinado a elas em uma semana com o uso apenas livros. Da mesma forma, pode-se explicar às crianças como fazer biscoitos, mas a experiência prática de misturar a farinha de trigo e quebrar os ovos será bem mais memorável. Os eventos especiais extracurriculares dividem-se em duas modalidades: aqueles realizados na escola e aqueles que necessitam que as crianças saiam da escola para participar do evento, normalmente denominados excursões.

A logística de planejamento para os eventos nos quais as crianças permanecem na escola não precisará ser tão detalhada quanto o planejamento das excursões. No entanto, para que o evento seja um sucesso, será necessário garantir que tanto as crianças como a equipe estejam preparadas, o que vai exigir planejamento e comunicação. Esses eventos não precisam ser incluídos no calendário anual das classes, uma vez que serão realizados durante o horário normal de aula e não haverá necessidade de ajuste em horários por parte das famílias. Um boletim informativo é uma forma conveniente de iniciar a comunicação sobre o evento. Em sua seção de próximas atrações deve ser informado, de forma clara, o dia em que o evento será realizado e o que as crianças precisam fazer para se prepararem para o evento. Uma ótima ideia é comemorar o Dia do Amigo com uma festa de panquecas e pijamas.

O boletim deve especificar que nesse dia as crianças devem ir vestidas de pijamas para a escola, uma atividade que quase todas as crianças adoram! Os funcionários também devem participar, trazendo seus pijamas para usar durante o evento. O boletim também deve informar às famílias que a escola servirá panquecas no lugar do lanche ou do almoço, dependendo do programa. Esse aviso antecipado permitirá que as famílias das crianças com alergias a esse tipo de alimento possam fornecer uma refeição substituta. Os funcionários envolvidos com a realização do evento terão de montar uma programação de atividades para o dia. O planejamento cuidadoso é importante, pois a preparação das panquecas exigirá que pelo menos um membro da equipe fique afastado de sua sala de aula por determinado período.

**Atividade 9.3** Preenchimento de um *checklist* para o Dia do Amigo

Uma lista de pontos a serem realizados pode ser uma ferramenta útil para garantir o planejamento adequado de todos os aspectos do evento. A seguir, um exemplo de lista para a festa da panqueca e do pijama para comemorar o Dia do Amigo que pode ser adaptada a qualquer evento especial realizado na escola de educação infantil.

## Checklist para eventos especiais

**Nome do evento:** Festa da Panqueca e do Pijama para comemorar o Dia do Amigo.

**Data do evento:** Quarta-feira, 13 de fevereiro.

**Responsável pelo planejamento:** Sarah Smith, coordenadora pedagógica da pré-escola.

**Classes que participarão do evento:** Todas as classes de 4 anos.

**Marque os itens concluídos:**

### Comunicação

Famílias notificadas sobre o evento e suas responsabilidades

☐ Aviso colocado em 7/2 na seção de próximas atrações – foi solicitado o uso de pijamas/almoço fornecido.

☐ Aviso colocado no mural no programa em 1/2 – foi solicitado o uso de pijamas/almoço fornecido.

Funcionários notificados sobre o evento e suas responsabilidades

☐ Discussão sobre o evento na reunião pedagógica de 2/2.

☐ Todos os professores das classes de 4 anos reservaram tempo para o evento.

☐ A programação a seguir foi entregue a todos os membros da equipe envolvidos no evento.

### Programação de eventos

| | |
|---|---|
| 8h30-11h | Revezamentos normais. |
| 11h | A turma da Michelle vai para a sala de artes para que sua sala possa ser preparada para o evento. |
| 11h-11h30 | Michelle, Renee e Susan ficam com as crianças na sala de preparação, cantando músicas sobre amizade. |
| 11h-11h30 | Sarah e Jeff preparam panquecas cor-de-rosa na sala de artes. |
| 11h30 | As crianças lavam as mãos e sentam-se à mesa para comer panquecas. |
| 11h45-12h15 | As panquecas são servidas; todos os professores estão disponíveis para ajudar. |
| 12h15-13h | Sarah, Jeff e Susan levam as crianças para a sala de preparação para decorar os cartões do Dia do Amigo. As crianças trocam os cartões. |
| 12h15-13h | Michelle e Renee limpam as coisas do almoço e guardam os materiais. |
| 13h-13h15 | Susan lê para as crianças uma história sobre o Dia do Amigo, "Eu gosto muito de você". |
| 13h15 | As crianças retornam às suas salas de aula e à programação normal da tarde. |

### Itens necessários para o evento

☐ Mistura para panqueca – somente mistura pronta

☐ Corante alimentício vermelho

☐ Açúcar para polvilhar

☐ Xarope

☐ Chapa elétrica

☐ Espátula

☐ Óleo para cozinhar

☐ Leite

☐ Garfos e facas

☐ Pratos (Dia do Amigo)

☐ Marcadores

☐ Purpurina

☐ Cola

☐ Cartolina

☐ Canções que falam de amizade

☐ Livro do amigo

### Voluntários das famílias

Não são necessários para esse evento.

### Cartas de acompanhamento/agradecimento

Não são necessárias para esse evento.

148   Técnicas eficazes de comunicação para a educação infantil

**Atividade 9.4** Elaborar um *checklist* para eventos especiais realizados na escola de educação infantil

Empregando o modelo disponível a seguir, elabore um *checklist* para todos os eventos especiais de enriquecimento curricular planejados para ocorrer na escola. Coloque uma marca de verificação ao lado dos itens concluídos.

## Modelo de *checklist* de eventos especiais realizados na escola

---

CHECKLIST PARA EVENTOS ESPECIAIS

Nome do evento: _____

Data do evento: _____

Pessoa responsável pelo planejamento: _____

Turmas que participarão do evento: _____

Marque os itens concluídos:

**Comunicação**

Famílias notificadas sobre o evento e suas responsabilidades

☐ _____

☐ _____

Funcionários notificados sobre o evento e suas responsabilidades

☐ _____

☐ _____

**Programação de eventos**




**Itens necessários para o evento**

☐ _____      ☐ _____

☐ _____      ☐ _____

☐ _____      ☐ _____

☐ _____      ☐ _____

☐ _____      ☐ _____

☐ _____      ☐ _____

☐ _____      ☐ _____

**Voluntários das famílias**

☐ _____

☐ _____

**Cartas de acompanhamento/agradecimento**

☐ _____

☐ _____

---

Uma vez que uma excursão vai envolver a saída da escola, deve ser planejada cuidadosamente para garantir a segurança das crianças que participam. As famílias também precisam de grande quantidade de informações sempre que seus filhos saírem da escola. Depois de estabelecer um método eficaz de planejamento para as excursões, é possível aplicar as mesmas ferramentas organizacionais para todos os passeios.

O planejamento para uma excursão, geralmente, começa alguns meses antes do dia. Algumas excursões podem ser planejadas com tanta antecedência que é possível incluí-las na programação anual. Se a excursão não foi incluída no calendário anual, será necessário informar às famílias várias semanas antes da data. Esse aviso prévio é essencial, pois muitas excursões exigem que os membros da família participem como acompanhantes. O boletim informativo referente à excursão deve indicar a data e o local desta, bem como qualquer custo adicional que deverá ser pago. Deve--se incluir também a data final para que todas as crianças paguem a taxa. Além disso, o boletim deverá descrever o plano para as crianças que não vão participar da excursão. Se toda a equipe participará da excursão e não haverá ninguém para cuidar das crianças que não vão participar, esse fato deve estar explicitamente indicado. As famílias vão precisar saber se será necessário fazer arranjos alternativos para o cuidado de seus filhos, caso prefiram a não participação na excursão.

O planejamento das excursões deve ser discutido nas reuniões de equipe. A equipe deve estar ciente de quaisquer responsabilidades de planejamento que possam ter. Além disso, deve saber os horários de chegada e partida, bem como os detalhes do evento para que possam responder a quaisquer perguntas que as famílias possam fazer.

O planejamento do evento exigirá muita atenção aos horários de chegada e de partida dos ônibus, pois o transporte é essencial para o sucesso do evento. Se o ônibus não aparecer, muitas crianças ficarão decepcionadas. A empresa de ônibus deve ser contratada com vários meses de antecedência. Sempre faça anotações ao trabalhar com fornecedores externos, incluindo o nome e o número de telefone da pessoa com quem tratou. Normalmente, é mais fácil chamar a mesma pessoa nas ligações de retorno, em vez de dispender tempo incluindo uma nova pessoa a par dos planos discutidos anteriormente. Será necessário reservar, pelo menos, 15 minutos de sua programação para a lotação do ônibus antes da partida. A pressa pode comprometer a segurança. Planeje o tempo extra para garantir que todas as crianças foram devidamente contabilizadas e encontram-se em seus assentos com cinto de segurança colocado antes da partida.

Uma semana antes da excursão, deve-se lembrar as famílias quanto à proximidade do evento. Além da notificação sobre datas e horários, é necessário informar os pais o que as crianças deverão trazer no passeio. Será preciso fornecer detalhes quanto à roupa adequada, necessidade de dinheiro trocado, aplicação de protetor solar e acondicionamento de uma garrafa de água ou um lanche. As crianças que não estiverem adequadamente preparadas poderão não ter uma experiência agradável.

# Atividade 9.5 Elaborar uma ficha de informações para acompanhantes

Empregando o modelo disponível a seguir, personalize um guia informativo para acompanhantes, que deve ser colocado nas caixas de correspondência das crianças no início do programa.

## Modelo de informações para acompanhantes

---

### Informações sobre acompanhamento de excursões

É sempre uma satisfação que acompanhantes participem de nossas excursões!

**Algumas coisas importantes, caso deseje se inscrever:**

**Quem pode ser um acompanhante?**

> pais (sempre tem prioridade)
>
> avós
>
> parentes

**Quais serão minhas responsabilidades, caso me inscreva para ser acompanhante?**

- Comparecer ao local determinado.
- Comparecer no horário determinado.
- Ir e voltar do passeio no ônibus.
- Ser responsável pelas crianças que lhe são designadas, incluindo o próprio filho.
- Ler e seguir o roteiro da viagem.
- Ouvir cuidadosamente todas as instruções especiais do coordenador pedagógico.
- Ao retornar, aguardar com o grupo de crianças em um local seguro até que as famílias cheguem para buscá-las.

**Informações necessárias:**

Muitas crianças têm alergias; sendo assim, é proibido trazer ou comprar alimentos, guloseimas ou bebidas para o grupo do qual é responsável.

Os acompanhantes não podem trazer outras crianças no ônibus. Se os pais têm outros filhos e gostariam que eles participassem da excursão (mas não como acompanhantes), pode ser possível optar por seguir o ônibus de carro, dependendo da natureza da viagem.

As famílias podem levar seus filhos diretamente para casa após o passeio *se nossa autorização de liberação for assinada por um membro da família no dia do evento.*

É proibido fumar em todos os passeios.

**Como posso me inscrever?**

- Confira no quadro de informações da classe de seu filho todos os passeios programados.
- Serão enviadas fichas de inscrição.
- Se houver uma vaga disponível, assine seu nome na ficha de inscrição.
- *Informe-nos o mais rapidamente possível se precisar cancelar.*

*Os acompanhantes são parte importante e valiosa da diversão e do sucesso de nossos passeios!*

*Agradecemos antecipadamente por sua ajuda.*

---

As excursões são uma ótima oportunidade para as famílias passarem algum tempo com seus filhos e com as outras crianças da turma. Para considerações de segurança, normalmente é necessário que a proporção de crianças por adulto seja menor para passeios externos do que quando os eventos são realizados em sala de aula. Isso significa que alguns membros das famílias das crianças devem ser voluntários como acompanhantes.

Ser um acompanhante é uma grande responsabilidade e será necessário que seus voluntários possam contar com a assistência da escola de educação infantil para que possam exercer suas funções adequadamente. Para garantir que a família de cada criança tenha a oportunidade de participar de uma excursão, é preciso fornecer algumas informações básicas sobre a função de acompanhante no início do programa. Você pode inserir um folheto sobre os deveres de um acompanhante na caixa de correspondência das crianças. O folheto não deve ser específico para cada excursão: ao contrário, deve fornecer às famílias informações sobre como eles podem se inscrever e o que será esperado deles, caso participem.

No dia da excursão, a equipe da escola será responsável pela apresentação dos acompanhantes às crianças pelas quais serão responsáveis. Os acompanhantes devem receber crachás bem visíveis, geralmente confeccionados com as cores da escola. O crachá dos acompanhantes também vai conter os nomes das crianças pelas quais é responsável. Na correria e agitação das atividades que precedem a excursão, é fácil esquecer os nomes. Esse método dá ao acompanhante um lugar fácil de consultar ao longo do dia.

Seus acompanhantes também devem conhecer detalhadamente o itinerário dos eventos que compõem a excursão. As normas de segurança para esse dia devem ser incluídas nesse formulário, bem como informações logísticas sobre intervalos para ir ao banheiro e para almoço. O formulário criado deve ser facilmente consultado durante todo o dia. Isso é especialmente importante se a excursão envolver uma divisão em grupos separados. É bom o coordenador pedagógico levar um telefone celular durante o passeio, disponibilizando o número na folha de informações fornecida aos acompanhantes, caso surja uma situação de emergência durante o evento.

---

**Atividade 9.6** Elaborar um roteiro para os acompanhantes

Observe o modelo disponível a seguir. Ele foi elaborado para uma excursão a uma feira de produtores e a um labirinto a céu aberto. Para cada uma das suas excursões, deve-se criar um documento semelhante a ser distribuído a seus acompanhantes. Procure ser o mais específico possível no que diz respeito aos horários e às responsabilidades dos acompanhantes.

## Modelo de roteiro para os acompanhantes

---

**Roteiro da feira dos produtores**

**Quinta-feira, 10 de outubro de 2011**

Acompanhante:_____

Responsável por:  _____        _____

_____        _____

_____        _____

**EM CASO DE EMERGÊNCIA, LIGUE PARA XXXX-XXXX**

**7h-9h30** Atividades matutinas normais. Recolha todos os lanches e coloque-os na caixa da excursão. Cada criança trará também uma garrafa de água etiquetada para o passeio. Os acompanhantes serão responsáveis por carregar essas garrafas de água. Além disso, se qualquer criança levar dinheiro para gastar durante o passeio, o acompanhante será responsável por colocar o dinheiro no envelope fornecido. R$ 20,00 é muito para uma criança levar nesse passeio.

**8h-9h15** Lanche na sala de artes.

**8h30-9h45** Limpeza, intervalo para ir ao banheiro e reunir as crianças na sala central. Certifique-se de conferir a presença e divida as crianças em grupos com seus respectivos acompanhantes, assim que seu nome for chamado. Verifique se está levando todas as refeições. Repasse as seguintes normas de segurança:

1. Permaneça com seu grupo, especialmente quando completar o labirinto.

2. Ouça seu acompanhante em todos os momentos.

3. Tenha cuidado e espere os outros grupos completarem o labirinto.

**9h45-10h** Contagem final e embarque no ônibus.

**10h15** Partida da escola para a feira dos produtores.

**10h45-12h15** Chegada à feira dos produtores. Solucionaremos uma história ao completar o labirinto. Este vai levar cerca de uma hora para ser completado. Se for necessário mais tempo, isso poderá ser arranjado.

**12h15-13h** Almoço ao ar livre (se o tempo permitir), nas mesas de piquenique disponíveis. Limpar tudo após seu grupo ter terminado e levar as crianças ao banheiro.

**13h-13h30** As crianças que trouxeram dinheiro para o passeio podem passear pela loja de conveniência. Os acompanhantes devem ajudar as crianças com suas compras.

**13h30-13h45** Se houver tempo, é possível completar os labirintos menores localizados fora do labirinto grande.

**13h45-14h** Todos os grupos devem se reunir nas mesas de piquenique, o que permitirá conferir a presença de todos antes de embarcar no ônibus. *Os banheiros podem ser usados agora, antes de ir para casa.*

**14h** Todas as crianças e acompanhantes embarcam no ônibus e partem para a escola.

**14h45** Horário aproximado de chegada na escola.

---

**Atividade 9.7** Elaborar um *checklist* para uma excursão

Empregando o modelo disponível a seguir, crie um *checklist* personalizado a ser verificado antes de cada excursão. A lista de itens pode ser alterada para incluir às necessidades específicas de cada excursão. O coordenador pedagógico que acompanha o grupo no passeio deve verificar os itens da lista.

## Modelo de *checklist* para uma excursão

| Marcar quando concluído | *CHECKLIST* PARA UMA EXCURSÃO |
|---|---|
| | **Antes do passeio** |
| ☐ | Informações enviadas às famílias com duas a três semanas de antecedência. |
| ☐ | Inscrição para acompanhantes enviada com duas a três semanas de antecedência. |
| ☐ | Informações sobre a excursão inseridas na seção próximas atrações do boletim uma semana antes do passeio. |
| ☐ | Informações sobre a excursão afixadas no mural do programa. |
| ☐ | Roteiro preparado com uma semana de antecedência e revisado na reunião de equipe. |
| ☐ | As crianças distribuídas em grupos com acompanhantes. |
| ☐ | Crachás dos acompanhantes preparados. |
| ☐ | Normas de segurança revisadas com os funcionários e as crianças. |
| | **Dia da excursão** |
| ☐ | Os acompanhantes receberam seus crachás e o roteiro. |
| ☐ | As crianças foram apresentadas a seu acompanhante. |
| ☐ | O coordenador pedagógico está com um telefone celular, o kit de primeiros socorros e os cartões de emergência. |
| ☐ | Participação e contagem dos presentes verificadas antes do embarque no ônibus. |
| ☐ | N. crianças____ n. funcionários____ n. acompanhantes____. Total____ |
| ☐ | As crianças foram ao banheiro antes de embarcar no ônibus. |
| ☐ | Os acompanhantes receberam o almoço de cada criança e outros suprimentos necessários. |
| ☐ | Contagem de presentes realizada após o embarque no ônibus e as crianças estão sentadas em segurança. Total____ |
| ☐ | As crianças foram ao banheiro antes de embarcar novamente no ônibus. |
| ☐ | Contagem realizada antes da partida. O número é o mesmo da contagem anterior. Total____ |
| ☐ | Suprimentos de primeiros socorros, telefone celular, cartões de emergência verificados. |

O acesso aos suprimentos de emergência pode ser limitado, dependendo do seu destino. Por essa razão, é prudente que o coordenador pedagógico leve um kit básico de primeiros socorros na excursão. Deve-se levar também os cartões de contato para emergências de todas as crianças participantes. Se ocorrer uma lesão grave, será necessário entrar em contato com a família imediatamente e, em seguida, verificar as informações de contato do médico. Esses números devem constar nos cartões da família e de emergência. Caso o ônibus permaneça no local da excursão, esses itens podem ser deixados neles. Caso não fique, um membro da equipe deverá ser encarregado de assumir a responsabilidade pelo kit de emergência durante a excursão. A pessoa responsável pelo kit de primeiros socorros e pelos cartões de emergência deve ser a mesma que portará o celular.

Com tanta coisa para lembrar no dia de uma excursão, um *checklist* pode ser uma ferramenta útil para ajudar a organizar suas atividades e garantir que tudo foi devidamente concluído. Apesar das necessidades específicas para cada excursão serem diferentes, você pode criar um *checklist* que inclua as atividades comuns a todos os passeios fora da escola.

## Envolvimento da comunidade

O último tipo de evento especial é aquele que promove o *envolvimento da comunidade*. A participação da comunidade envolve ampla gama de atividades que permitem a interação entre diferentes grupos. A intenção do Programa de Voluntários é proporcionar oportunidade para as famílias interagirem com a classe de seus filhos. Esse programa difere da oportunidade de acompanhar uma excursão, uma vez que permite que as famílias acompanhem um dia típico para seu filho na escola. O programa pode ser benéfico para todas as partes envolvidas: as famílias podem observar como seus filhos passam o dia, os funcionários se beneficiam da experiência de construção de um relacionamento com o membro da família e as crianças adoram ter a chance de exibir alguém de sua família para os colegas de turma.

O grau no qual o membro de uma família opta por participar do Programa de Voluntários pode variar. Alguns deles preferem acompanhar as atividades do professor e atuar como um auxiliar do dia; outros podem optar por preparar uma aula própria. Muitos membros das famílias têm vários talentos e *hobbies* que seriam interessantes para as crianças. Se se sentirem à vontade para tal, compartilhar essas habilidades pode ser uma lição interessante e valiosa.

Ter um membro de uma família passando um dia na escola pode ser uma ferramenta de comunicação valiosa. Este pode conhecer a professora e seu estilo de interação com as crianças, talvez se surpreendendo com tudo que se passa durante o dia que exige a atenção do professor. O professor também tem a oportunidade de aprender mais sobre o membro da família e de seus interesses.

**Atividade 9.8** Elaborar um folheto sobre serviços voluntários

Para garantir que cada criança tenha uma oportunidade de passar o dia com um membro da família na escola, um folheto sobre o programa deve ser enviado para casa no início das aulas. Empregando o modelo fornecido a seguir, crie um folheto que forneça às famílias informações sobre o Programa de Voluntários.

## Modelo de folheto para o programa de voluntários

---

### Programa de voluntários para interação com as famílias

O Programa de Voluntários foi desenvolvido para proporcionar às famílias uma oportunidade de interagir com a classe de seus filhos. Se estiver interessado em participar desse programa, leia as seguintes informações:

**Por que devo participar?**

As crianças adoram ter seus familiares na escola para compartilhar a experiência. Isso faz que se sintam especiais e orgulhosos por poder exibi-los para seus amigos e colegas de turma.

**Quanto tempo devo ficar?**

Esse programa é elaborado para que o familiar possa ficar durante todo o período que o filho permanece na escola. Ficar do início ao fim possibilitará conhecer toda a rotina do seu filho.

**O que eu faço?**

Sugerimos que os membros da família se envolvam nas atividades da classe para aquele dia. Siga as atividades planejadas pelo professor se desejar, ou improvise e prepare uma atividade ou traga um livro para compartilhar com as crianças. Tivemos muitos pais que compartilharam seus talentos conosco, como cozinhar, plantar, fazer trabalhos de artes e artesanato, música, leitura e vários outros *hobbies*.

**Como faço para me inscrever?**

Todos os professores têm um calendário para o período de novembro a junho (com o dias programados para os voluntários em destaque) afixado no mural do programa. Procure o dia em destaque no mês que gostaria de se juntar a nós e assine seu nome no livro. É muito fácil!

**Quantas vezes posso me inscrever?**

Pedimos que cada membro da família que deseje participar se inscreva uma vez durante o ano letivo. Gostaríamos de oferecer a toda as crianças a oportunidade de ter um membro da família na escola. Se os membros de todas as famílias tiveram a oportunidade de se inscrever e ainda houver datas disponíveis, será possível se inscrever para um segundo dia.

*Estamos ansiosos para tê-lo na classe!*

---

Devido a todas as novas tarefas que acompanham o início de qualquer novo programa, pode não ser possível receber voluntários até que as crianças tenham se adaptado às suas rotinas diárias. Cada membro da equipe pode determinar quando, durante o ano letivo, eles gostariam de receber os visitantes em suas salas de aula. Antes do dia da visita, o professor e o membro da família devem discutir os planos para o dia e fazer arranjos para todas os materiais especiais que o membro da família possa precisar para sua apresentação.

Outro aspecto dos eventos especiais de envolvimento da comunidade é apresentar às crianças a ideia do mundo em geral. É fácil para as crianças concentrarem-se em suas pequenas comunidades. Para ajudar as crianças a entender todos os grupos em uma comunidade mais ampla com os quais podem não ter tido a oportunidade de ter contato, é possível organizar projetos de serviços comunitários. Em vez de doar dinheiro, as crianças podem doar seu tempo e boa vontade. Uma ótima ideia para um evento especial que envolva serviços comunitários é o preparo de cartões para os veteranos.

Além de criar cartões do Dia do Amigo para sua família e seus colegas, as crianças podem preparar cartões especiais para pessoas que também merecem ser lembradas nessa data. A maioria das comunidades têm uma Associação de Veteranos que ficará feliz em fornecer os nomes dos veteranos que não podem ter muitos familiares ou visitantes. Também se pode considerar a preparação de cartões do Dia do Amigo para os moradores de um asilo local. Durante a confecção dos cartões, discuta a importância dos idosos com as crianças. Peça a elas que compartilhem todas as memórias que têm sobre seus avós ou outros amigos idosos da família. É possível incentivar as crianças a perguntar a seus familiares sobre alguém que possam conhecer que tenha servido o país. Aprender sobre as diferentes gerações pode ajudar a promover o respeito por todos os outros indivíduos em nossas comunidades.

As famílias gostam de saber que seus filhos têm a oportunidade de se envolver em uma variedade de eventos especiais enquanto estão na escola. Os eventos especiais oferecem inúmeras oportunidades de interação e comunicação entre seus públicos. Famílias, funcionários, crianças e a comunidade podem aprender mais uns sobre os outros ao mesmo tempo que se divertem.

## Relatório de progresso de comunicação

| Habilidade ou tarefa | Alcance das habilidades | | |
|---|---|---|---|
| | QUASE SEMPRE | HABILIDADES EMERGENTES | A MELHORAR |
| Um evento aberto foi planejado para apresentar com informalidade a escola e seus funcionários. | ☐ | ☐ | ☐ |
| A reunião de orientação da família abrange todas as informações necessárias relacionadas à escola e ao programa. | ☐ | ☐ | ☐ |
| As famílias saem da reunião de orientação da família com a sensação de que fizeram a escolha certa ao matricular seus filhos na escola. | ☐ | ☐ | ☐ |
| Os funcionários estabelecem proativamente uma comunicação com as famílias nos eventos especiais informativos. | ☐ | ☐ | ☐ |
| As crianças de todos os programas têm a oportunidade de participar de vários espetáculos ao longo do ano. | ☐ | ☐ | ☐ |
| Informações sobre as apresentações são enviadas às famílias com tempo suficiente para que se prepararem para o evento. | ☐ | ☐ | ☐ |
| As crianças gostam de assumir um papel ativo nas apresentações planejadas. | ☐ | ☐ | ☐ |
| O currículo é reforçado por uma série de eventos especiais que ocorrem na escola e fora dela. | ☐ | ☐ | ☐ |
| Listas de itens e roteiros são preparados para cada evento especial de enriquecimento curricular. | ☐ | ☐ | ☐ |
| Os papéis e as responsabilidades daqueles que participarão dos eventos especiais foram claramente definidos e comunicados. | ☐ | ☐ | ☐ |
| Foram concebidos eventos para trazer as comunidades para a sala de aula. | ☐ | ☐ | ☐ |
| Cada evento especial planejado é uma experiência boa para todos os envolvidos. | ☐ | ☐ | ☐ |

# Promovendo sua escola de educação infantil: propaganda e marketing eficazes

capítulo 10

## Pontos-chave:

- Como distinguir os vários elementos que vão formar sua estratégia de marketing.
- Como criar propagandas que vão deixar seu público querendo saber mais.
- Como aproveitar o poder das atividades comunitárias para promover sua escola de educação infantil.

Como se comunicar de forma eficaz com um público com o qual não se pode ter qualquer contato direto? Você sabe que as famílias e os alunos potenciais estão lá fora, mas como encontrá-los? Como fazê-los notar sua presença? Será que se lembrarão de você? Estas são as grandes questões para qualquer setor de atividade. Existem muitas empresas multimilionárias com grandes orçamentos dedicados estritamente à publicidade e à comercialização de seus produtos e serviços. Uma fração desse orçamento é maior que o lucro da maioria das escolas de educação infantil em toda a sua história. Este capítulo discutirá formas de atingir seu público de maneira adequada a seu negócio.

Às vezes, saber a diferença entre marketing e propaganda pode ser algo confuso: ambos desempenham papel fundamental no crescimento do seu negócio e, embora os termos sejam frequentemente usados de forma alternada, suas definições não são idênticas. É importante entender totalmente o conceito para fazer que esse processo funcione de forma eficaz a seu favor. A descrição comercial entre as diferenças dos dois termos seria:

*Marketing*: Um plano organizado para reunir indivíduos ou um grupo de indivíduos que possam ser compradores potenciais para os vendedores existentes, numa transferência mútua de bens e serviços.

*Propaganda*: Um anúncio público pago para atrair clientes potenciais e atuais para seu produto.

## Estratégia de marketing

Utilizando um exemplo fácil, tente imaginar um arco-íris. Pense em como os muitos raios das cores diferentes compõem o arco. Apesar de cada cor estar separada, o efeito combinado é o que torna a imagem deslumbrante, que será lembrada e comentada por algum tempo. Nessa analogia, o arco-íris é o marketing e os raios individuais são todos os diferentes elementos do marketing. Nosso arco-íris tem cinco cores diferentes, correspondentes aos cinco elementos que compõem uma estratégia de marketing. Esses elementos estão descritos a seguir.

### Propaganda

*Relações públicas*: São as interações positivas diárias entre administradores, funcionários e famílias e incluem as atividades em curso para garantir que a empresa tenha uma imagem forte na comunidade. As atividades de relações públicas são planejadas para ajudar o público a entender a empresa e seus serviços.

*Promoção*: A promoção mantém o produto na mente do cliente e ajuda a estimular a demanda dos serviços. A distribuição de bonés e camisetas com o logotipo da escola seria uma atividade promocional.

*Análise e pesquisa de mercado*: Avaliar a necessidade da comunidade por seus serviços. Essas atividades vão ajudar a determinar seu ambiente comercial e podem fornecer informações sobre o tipo de campanha de marketing mais eficaz para seu negócio.

*Vendas*: Atividades que levam à matrícula de novas crianças.

O marketing assume a tarefa de familiarizar o público com seu negócio, o que demanda um esforço de longo prazo que requer muito tempo e paciência. Além disso, depende do nível de compromisso para ajudar a decidir a quantidade de tempo necessário para pôr seu plano de marketing em andamento. Há muitas maneiras diferentes de estabelecer sua escola de educação infantil no mercado, porém as formas mais eficazes para o setor da educação infantil são as mais diretamente relacionadas com as crianças e suas famílias. A qualidade do plano de marketing da escola pode ter um efeito significativo sobre a imagem que deseja projetar. Com sorte, a utilização desse plano terá um impacto duradouro em todos os seus públicos.

Inicialmente, quando se tenta decidir, "Como vou informar a comunidade sobre a minha escola?", imediatamente vem à cabeça: "Vou publicar um anúncio em um jornal ou em uma revista!". A propaganda é o método mais amplamente utilizado no setor da educação infantil e, geralmente, é o mais caro. No entanto, é importante lembrar que, apesar da propaganda ser importante, ela é apenas uma parte de todo o processo de marketing. A propaganda é apenas uma das cores do nosso arco-íris e, portanto, não deve ser o único foco de seu tempo e dinheiro.

## Propaganda impressa

A palavra escrita é a forma de propaganda mais comumente utilizada pelo setor da educação infantil, pois pode ser usada como uma poderosa ferramenta para o sucesso do seu negócio. A apresentação dessas palavras pode se dar de diversas maneiras, embora o meio mais comum seja anúncios colocados em jornais, murais, revistas, folhetos, mala direta, listas telefônicas e calendários. Formas de propaganda e marketing igualmente importantes a serem consideradas são anúncios no rádio e na televisão, na internet e a informação "boca a boca". Deve-se considerar todas essas formas de mídia antes de decidir como anunciar e vender seu negócio. O método de propaganda escolhido deve atingir o maior número de famílias potenciais.

Antes de determinar qual método de propaganda terá o máximo impacto, é preciso analisar seu público-alvo. A localização geográfica é importante. As famílias que pretende atingir residem a poucos quilômetros da sua escola? Se assim for, o anúncio em um grande jornal metropolitano pode não ser o melhor recurso. Nessa situação, é provável que consiga mais sucesso colocando seu anúncio em um jornal local. Muitas comunidades possuem pequenos jornais locais mais baratos que os grandes jornais metropolitanos. Além disso, é mais provável receber orientação no desenvolvimento de um anúncio impresso quando trabalha com a equipe de um jornal menor.

Tente desenvolver uma ideia que seja única e atraente para seu público-alvo. As imagens escolhidas devem produzir sensações positivas nas pessoas ao vê-las, lenvando-as a associar seu anúncio a sensações positivas à sua escola. A própria natureza da educação infantil torna essa etapa fácil. Universalmente, as pessoas experimentam emoções positivas ao ver imagens de crianças felizes e seu negócio tem ampla oferta de crianças bonitas e simpáticas. Quer melhor maneira de fazer as pessoas notarem seus anúncios que com o uso de imagens das crianças de sua escola? As pessoas são especialmente atraídas por imagens que capturaram a emoção. A imagem que parece funcionar melhor é um simples e sincero sorriso de uma criança. As expressões das crianças são inestimáveis e, às vezes, temos a sorte de capturar um desses momentos em uma foto.

Deve-se estimular as famílias, os filhos, vizinhos, praticamente todos que apanham o jornal para olhar o anúncio. Este é um método que parece nunca envelhecer. As famílias matriculadas atualmente vão sempre olhar para ver qual criança aparece, uma vez que as crianças adoram colecionar fotos de si mesmas e de seus amigos. Os membros das famílias vão pedir aos vizinhos para guardar os recortes do jornal deles. Antes que perceba, toda a comunidade estará envolvida com seu anúncio. Por muitos meses, verá esses anúncios colados na porta das geladeiras para serem vistos e compartilhados com a família e os amigos. Não apenas é uma grande fonte de exposição para sua escola, como também é uma maneira de mostrar às famílias atuais rostos felizes vistos na instituição.

A maioria das famílias fica ansiosa pela oportunidade de ver uma foto de seu filho no jornal. No entanto, solicitar uma autorização de uso de imagem da criança por escrito é importante e não deve ser esquecido. Existem muitas razões, legítimas, pelas quais um pai pode não querer fotos de seu filho publicadas. Ofereça às famílias a oportunidade de ver a foto impressa antes de enviá-la ao jornal. Nunca suponha que, pelo fato de você apreciar a foto, a família também vai gostar.

**Exemplo de um anúncio geral fazendo uso de fotos de crianças da sua escola de educação infantil**

Você só tem uma chance na infância.

**Atividade 10.1** Criar uma autorização para o uso de imagens

Empregue o modelo a seguir para personalizar um formulário de autorização de uso de imagem. Sempre anexe uma cópia da fotografia pretendida a esse formulário.

**Modelo de autorização de uso de imagem**

---
Data:

Prezada família_____

Adoro esta fotografia de seu filho. Daqui a algum tempo, em um futuro próximo, gostaríamos de usar essa imagem de [inserir o nome da criança], em uma propaganda para a escola. Assim, pedimos sua assinatura como sinal de sua aprovação.

Atenciosamente,

Eu concordo em permitir que [nome da escola] use essa foto de

[nome da criança] como forma de propaganda comercial para a escola.

Assinatura: _____

Data:_____

*Veja uma cópia da foto no verso*

---

Se decidir que é necessário a exposição para além de sua comunidade imediata, para atrair maior número de famílias, um grande jornal pode ser a resposta. Avalie o momento da publicação e o método a ser utilizado. Contate o jornal para saber a respeito de pacotes de publicação. A maioria dos jornais oferece descontos conforme o número de vezes que anunciar e pacotes especiais para diferentes épocas

**Exemplo de um anúncio para informar à sua comunidade sobre programas específicos**

Estou pronto para a Kindergarten (escola de educação infantil)!

do ano. Quase sempre, há um folheto especial destinado aos programas de acampamento de férias e uma versão para a "volta às aulas". Utilize essas adições especiais em seu benefício. Crie algo que o público vá se lembrar. Ao anunciar em um jornal metropolitano, deve-se esperar que um número significativo de outras escolas também anunciem na mesma edição. É necessário criar um anúncio que chame a atenção do leitor.

## Marketing na comunidade

É essencial ser criativo em sua estratégia de marketing. Apenas publicar anúncios pode não ser suficiente para atrair o número necessário de famílias para ampliar seu negócio. Sua comunidade oferece inúmeras possibilidades para atividades promocionais e de relações públicas, sendo alguns dos métodos de expansão do marketing de seu negócio:

- Welcome Wagon[1]
- feiras de negócios;
- eventos corporativos;
- agências imobiliárias;
- agências de voluntários [ONGs];
- instituições de caridade;
- programas de biblioteca;
- grupos de brincadeiras;
- fundos de bolsas de estudo.

**QUANDO A COMUNICAÇÃO É INTERROMPIDA**

Cópia do anúncio:

ADORÁVEL ESCOLA
ATENDIMENTO A POUCAS CRIANÇAS
1 VAGA

RESULTADO: A pequena escola gastou todo o seu orçamento publicitário mensal para colocar um anúncio em um grande jornal metropolitano. A vaga disponível para uma criança permaneceu aberta.

LIÇÃO APRENDIDA: Uma abordagem mais prática seria anunciar em um jornal local uma vez por semana durante um mês. O jornal local poderia oferecer também um preço mais baixo, permitindo a inclusão de uma foto com o texto. Esse anúncio teria, muito facilmente, passado despercebido em qualquer jornal.

---

[1] Empresa norte-americana que oferece um serviço de boas-vindas para os novos moradores de uma comunidade. O serviço conta com folhetos sobre os negócios na região e cupons de descontos que podem ser usados em várias lojas do bairro. (NT)

O envolvimento na comunidade é uma excelente maneira de estabelecer e promover sua escola. Na maioria dos casos, seu negócio está localizado na comunidade em que vive. Suas crianças podem frequentar a escola, participar em jogos de campeonatos e vender rifas para vários eventos de arrecadação de fundos. Os membros da família podem trabalhar na região, frequentar igrejas ou dar suporte às empresas locais. É a ponte perfeita para seu envolvimento na comunidade. A Parent Teacher Organization (PTO)[2] está sempre buscando itens para seus eventos anuais de arrecadação de fundos. Seria interessante oferecer um item para rifa representando sua escola, que poderia ser uma camiseta, um boné ou garrafa de água com seu logotipo e mais um certificado para matrícula gratuita em seu estabelecimento. A comissão para arrecadação de fundos ficaria grata pela doação e seria uma grande ferramenta de marketing.

Outro exemplo de como se inserir na comunidade através de marketing e propaganda é o apoio da escola a outras entidades, organizações e empresas locais. Programe um evento que vai exigir a ajuda da comunidade: por exemplo, se uma nova loja de bicicletas foi aberta recentemente na vizinhança, é possível oferecer apoio ao negócio novo colocando folhetos no saguão da sua escola. Em troca, eles poderiam doar uma bicicleta para ser sorteada no evento especial da escola. A bicicleta pode ser exibida com destaque na escola, com anúncios da loja de bicicletas, o que gerará muita conversa e excitação entre as crianças e as famílias.

**Comunicação eficaz em ação**

A comunidade organizou um grupo muito ativo de recém-chegados. A organização está envolvida em várias atividades para arrecadação de fundos e atividades de caridade para a área local. Este ano, eles decidiram criar o fundo "Vestido para o Sucesso" para todas as crianças matriculadas no primeiro ano. Para garantir que todas as crianças possuiriam os materiais didáticos adequados, solicitaram às empresas da região que se comprometessem em doar dinheiro e suporte. A escola local não apenas se comprometeu a equipar duas crianças, como criou o fundo "Poço dos Desejos" para lápis novos e outros materiais escolares necessários. As crianças poderiam doar dinheiro para as compras jogando moedas no poço.

Resultado: Todas as crianças que estavam começando no primeiro ano receberam os materiais necessários para seu início na escola. A escola obteve notoriedade local por seu envolvimento. As crianças gostaram de ajudar os outros e, também, gostaram de jogar dinheiro no poço. Estão animadas para realizar o evento de arrecadação de fundos no próximo ano.

O momento do sorteio deve ser registrado com fotos da criança vencedora e do sorteio, fotos estas que podem ser fornecidas ao jornal local como propaganda tanto para a loja de bicicletas como para a escola. Por ser um evento da comunidade, normalmente, a publicidade é gratuita para a escola e para a loja de bicicletas.

---

[2] Similar a Associação de Pais e Mestres (APM). (NRT)

Geralmente, tanto as famílias como as crianças ficam ansiosas para participar de atividades nas quais sentem que estão contribuindo com a comunidade. Estabeleça algum tipo de evento de arrecadação de fundos anual em que todos os lucros vão diretamente para a organização designada. Uma forma de conseguir tal feito é incluir em seu planejamento semanal um evento chamado "Sexta-feira da pizza". A organização desse evento deve ser adequada para manter seu Fundo de Assistência Comunitária. As crianças poderão comer pizza todas as sextas-feiras a um custo baixo para suas famílias. Se conseguir estabelecer uma relação de compartilhamento e trabalho com o proprietário da pizzaria local, as pizzas podem ser compradas a um preço reduzido. O dinheiro acumulado no fim do mês pode ser doado em nome das famílias da escola.

Estabelecer um compromisso de longo prazo com certa organização como um asilo terá um impacto duradouro para todos os envolvidos. Com as doações semanais provenientes das sextas-feiras da pizza, os idosos podem aplicar o dinheiro doado para comprar suprimentos necessários ou realizar eventos sociais. Essa relação pode ser aprofundada com a organização de passeios para que as crianças visitem os moradores do asilo. As crianças podem trabalhar com eles usando o material comprado com o dinheiro doado. O evento pode ser registrado com fotos que, com sua história, podem ser enviadas ao jornal local.

**Exemplo de um anúncio que permite a seu público saber sobre seu envolvimento na comunidade**

## "Crianças em Ação" na Bright Beginnings

O projeto "Crianças em Ação" da Bright Beginnings reúne moradores da comunidade para fazer enfeites de Natal como parte do programa de artes. A Bright Beginnings tem coordenado essas atividades nos últimos três anos.

Seus alunos estão trabalhando com os amigos e a comunidade para tornar o projeto um grande evento. "Pessoalmente, gostei do fato de as crianças apresentarem os moradores da comunidade como seus amigos!", comentou o coordenador pedagógico.

Os envolvidos no projeto "Crianças em Ação" da Bright Beginnings e os moradores da comunidade emanam felicidade. Eles se reuniram para fazer enfeites de Natal em 2 de outubro.

Qualquer membro de sua equipe que tenha interesse em falar em público deve ser incentivado a prestar serviços como voluntários nos eventos. Grupos como "Mamãe e eu" estão sempre abertos para que educadores profissionais apresentem palestras informais sobre questões relacionadas ao desenvolvimento da criança. Embora possa não falar diretamente sobre a sua escola, a participação nesses eventos vai expor o nome da escola para a comunidade. Quando uma pessoa na plateia precisar dos serviços de uma escola, provavelmente se lembrará do nome do seu estabelecimento.

A maioria dos programas locais de parques e lazer oferece aulas de serviços de babá para adolescentes. Como alguém com formação e experiência no campo da assistência à criança, você é um professor ideal para um curso dessa natureza. Esses adolescentes se beneficiam de discussões sobre situações da vida real que ocorrem ao se cuidar de crianças. O desenvolvimento de um programa de treinamento prático para futuras babás é uma experiência válida para todos os envolvidos. Você não somente vai estar ajudando a manter as crianças de sua comunidade em segurança, mas também estará ajudando a associar o nome de sua escola a cuidados e envolvimento da comunidade. É provável ainda que alguns dos adolescentes que frequentem o programa tenham familiares mais jovens que poderiam fazer uso de seus serviços.

Um método altamente visível e conveniente de envolvimento na comunidade é a criação de uma coluna de jornal. Especialistas locais poderiam escrever para essa coluna sobre assuntos relacionados a suas áreas de atuação, como médicos, dentistas, psicólogos, educadores, nutricionistas e membros da diretoria da escola, pois todos têm contribuições importantes a oferecer na área de cuidados infantis. Uma vez que o conteúdo é relevante para as crianças, é possível ser criativo na escolha dos autores. Os temas podem variar de acordo com acontecimentos atuais e as necessidades da comunidade. Por exemplo, dentistas locais poderão ser convidados a escrever um artigo durante o Mês da Saúde Bucal. Uma coluna de jornal exigirá o comprometimento de bastante tempo e deve-se estar preparado para isso antes de assumir esse desafio. As famílias vão procurar seus artigos no jornal e farão perguntas se as publicações forem interrompidas. Para o bem das relações públicas, o melhor é ficar longe de assuntos que possam causar controvérsia. Sua coluna no jornal deve ser usada como veículo de informação e comunicação, e não para a expressão de opiniões.

A Welcome Wagon é um método muito direto de atingir seu público-alvo. Você pode solicitar que um representante da Welcome Wagon forneça apenas informações sobre sua escola para as novas famílias que se mudam para a área com as crianças. O representante deixará uma lembrança sobre sua escola em todas as visitas domiciliares. Um lápis ou uma caneta deixados como brindes devem conter a inscrição da sua escola sobre eles. Atualmente, a agência fornece a cada nova família uma lista telefônica com as empresas locais incluídas nela. Por um custo adicional, sua escola pode ser incluída na lista sob o título "Escolas". Como um método de acompanhamento, pegue as listas mensais de contatos fornecidas pela Welcome Wagon e envie informações adicionais para cada família sobre a escola e os programas que ela oferece. As imobiliárias aceitam de bom grado formas de fazer que novos compradores se interessem pela comunidade. Um folheto incluído em um pacote para compradores potenciais sobre determinada escola pode induzir o comprador de uma casa a solicitar mais informações. Ao elaborar esse folheto, tenha em mente os possíveis usos desse material. Se listar os tipos de programas que oferece, sem qualquer uso específico em mente, ele também poderá ser utilizado em seus manuais de treinamento, folhetos e mala direta.

**Exemplo de uma coluna de jornal**

## As crianças de hoje
*por Mary Arnold*

### É realmente furto?

Quase todos os pais já tiveram de lidar com uma criança que apanhou algo que não lhe pertence. Geralmente, esses episódios ocorrem quando as crianças estão na pré-escola e ainda não dominam os conceitos de "propriedade" e "roubo". Muitas vezes, os alunos pré-escolares também não conseguem distinguir entre realidade e fantasia: eles podem pegar algo no contexto do "faz de conta", sem perceber que estão tirando algo de um amigo. A reação dos pais a essa atitude da infância é bastante universal: a criança é obrigada a devolver o item em questão (ou pagar por ele) e é explicado por que roubar é errado.

Então, as crianças ficam um pouco mais velhas. O que acontece quando uma criança do ensino fundamental rouba doces de uma loja de conveniência? Provavelmente, a reação seria a mesma de quando seus filhos estavam na pré-escola, fazendo-os devolver a mercadoria ou pagar por ela, além de pedir desculpas ao dono da loja.

Estamos dizendo a nossos filhos que roubar é errado, mas o que estamos dizendo com nossas ações? Fazer a coisa certa é tão importante quanto dizer a coisa certa quando se trata de crianças e ética. Se receber troco a mais na mercearia, você devolve ou fica com ele? A maioria dos materiais usados no seu escritório domiciliar pertence realmente a seu escritório?

Em uma situação descrita por um aluno do sexto ano, sua família se mudou para uma casa nova. As tomadas da televisão a cabo estavam funcionando e a família tinha acesso à TV a cabo sem pagar. Na verdade, usufruíram da TV a cabo por oito anos antes de a empresa confrontá-los. A resposta da criança foi: "a empresa de cabo era burra por não desligar o cabo". A criança não vê absolutamente nada de errado com o uso do cabo por oito anos sem pagar. Depois de ouvir a história, você pode adivinhar a "opinião" dos pais ao ouvir sobre o tema. Em meu livro, isso é simplesmente roubo.

Outra família, ao planejar uma festa, achou que sua casa precisava de uma decoração adicional. O casal saiu e comprou mesas de centro e de canto, além de vários acessórios. Quando a festa acabou, a mobília e os acessórios foram devolvidos à loja, porque não "combinavam com a sala". Isso é roubo?

A mercadoria foi devolvida, espera-se que nas mesmas condições em que foi "comprada", então, qual é o problema? Como o casal não tinha intenção de ficar com os itens, desejava apenas o "empréstimo" deles para a festa, eu também considero isso roubo. Com a saída da mercadoria da loja, o comerciante pode ter perdido a venda para um comprador legítimo. Como já discutimos em colunas anteriores, as crianças são grandes imitadores. A bússola moral de nossas crianças é formada tanto por nossas ações como por nossas palavras. É muito difícil manter a credibilidade perante seus filhos quando você diz uma coisa (roubar é errado) e, depois, faz o contrário.

A National Public Radio divulgou uma pesquisa recente sobre roubo em restaurantes. Uma jovem entrevistada para a história admitiu ter furtado mais de setenta pares de saleiros e pimenteiros de todo o mundo. Ela não considerou isso um roubo e disse que, se fosse pega, diria: "Opa, caiu na minha bolsa".

Outra pessoa entrevistada para essa reportagem disse que aprendeu a arte de roubar nos restaurantes com sua mãe, que rotineiramente furtava itens desses estabelecimentos. Os proprietários de restaurantes disseram que perdem de tudo, desde talheres, pratos e saleiros até cadeiras, torneiras antigas de lavatórios e outras peças de mobiliário e arte.

Comprando seu material de escritório em uma loja, em vez de trazê-los para casa do escritório onde trabalha e pagar por mercadorias e serviços utilizados, mostra a seus filhos como viver e conviver em sociedade. Fazer a coisa certa é o melhor caminho para criar crianças honestas e éticas.

*O artigo foi escrito por Mary Arnold, diretora executiva da Bright Beginnings.*

## Propaganda on-line

A internet é uma forma nova e excitante de ter acesso a informações sobre o setor da educação infantil. A população está se tornando mais consciente das vantagens de usar a internet para pesquisas. As escolas e pré-escolas estão começando a desenvolver os próprios sites, que podem ser acessados por famílias atuais ou potenciais. Para as famílias atualmente matriculadas em sua escola, o site fornecerá informações. Novas famílias que estiverem se mudando para a vizinhança poderão obter informações sobre a escola antes de sair de sua localização atual. O desenvolvimento do próprio site pode ser um empreendimento caro e são necessárias habilidades técnicas para desenvolver um por si mesmo. Antes de iniciar o processo de construção de uma página web, pense em seu público-alvo. Será que muitos deles têm acesso a um computador e à internet? Se não, a construção de um site pode não ser o melhor investimento para o seu orçamento de publicidade.

Assim como faria ao reunir material para a mídia de impressão, é necessário pensar sobre o conteúdo da sua página web. O que está tentando realizar? Lembre-se de que as informações contidas em sua *home page* estarão acessíveis para leitores de todo o mundo. Antes de começar a construí-la, será necessário elaborar um plano para o site. Normalmente, no projeto, as pessoas referem-se ao plano do *website* como um *sitemap* (mapa do *website*). Você pode até adicionar esse plano para o seu site depois de concluído, assim as pessoas podem visualizar todo o conteúdo do site em uma única página. Se não estiver certo sobre que tipo de informações incluir, pode buscar exemplos em *sitemaps* e nos sites de outras escolas. Como regra que as pessoas não leem documentos extensos postados na internet. Será preciso refazer o tipo de informação que gostaria de incluir em seu site, de forma que seja informativa, mas sucinta. O layout deve ser simples e de fácil leitura, com a inclusão de elementos gráficos que tornem a sua página interessante.

Depois de ter desenvolvido o conteúdo de sua *home page*, deve-se converter os arquivos em um formato que possa ser lido via internet. Os arquivos de texto precisam ser convertidos em *HyperText Markup Language* (HTML), e seus gráficos deverão estar no formato JPEG ou GIF. Embora isso possa soar como uma tarefa difícil, não precisa ser assim. Muitos programas da Microsoft Word podem fazer a conversão para você. Há muitos livros e programas que lhe fornecerão mais informações sobre como construir seu primeiro site. Certifique-se de solicitar um programa para iniciantes.

Após desenvolver sua *home page*, terá de encontrar um servidor para hospedá-la, que deve estar ligado à internet 24 horas por dia. Será necessário fazer uma pesquisa nessa área. Procure um serviço de hospedagem confiável e fácil de usar. Os preços podem variar muito de um hospedeiro para outro, por isso certifique-se de pedir de informações completas sobre os custos iniciais e mensais. Solicite às potenciais empresas de hospedagem o endereço eletrônico de outras páginas hospedadas e passe algum tempo navegando nesses sites. Você deve verificar se os outros sites oferecem uma conexão fácil, rápida e confiável. Pergunte às empresas de hospedagem se são capazes de fornecer o nome de domínio que deseja. Sua

Exemplo de um folheto sobre a escola

# BRIGHT BEGINNINGS
## A DECISÃO CERTA EM EDUCAÇÃO INFANTIL

A Bright Beginnings, a principal escola de educação infantil de New Fairfield, oferece programas inovadores que atendem às necessidades de sua família. Com todos os nossos programas, seu filho crescerá e aprenderá novas habilidades importantes todos os dias em um ambiente seguro e amoroso. Eles não perceberão que estão aprendendo... é tão divertido!

### PRÉ-ESCOLA EM TEMPO PARCIAL
- Classes para crianças de 3 e 4 anos, com aulas pela manhã ou à tarde.
- Currículo adequado ao desenvolvimento.
- Curso de enriquecimento para crianças de 4 anos academicamente avançadas.

### PRÉ-ESCOLA EM TEMPO INTEGRAL
- Mesmo currículo que os alunos de tempo parcial.
- Atividades de enriquecimento adicionais e programas especiais.
- Horários que se adequam à sua agenda, das 7h às 18h.
- Um ambiente acolhedor e amoroso fora de casa.

### ESCOLA DE EDUCAÇÃO INFANTIL EM TEMPO INTEGRAL
- Turmas pequenas.
- Atenção individual para todos os alunos.
- O currículo inclui matemática, artes da linguagem, leitura [estudos sociais, ciências, arte e música].
- Inclui atendimento antes e depois da escola.

**ACAMPAMENTO DE VERÃO**
*Ampla variedade de programas opcionais*
- Ginástica • Informática
- Tae Kwon Do • Dança

*Aulas ministradas por profissionais que trazem seus programas para a escola (taxas adicionais referentes a essas atividades)*

### "CRIANÇAS EM AÇÃO"
- Programa para antes e depois da escola.
- Incentivo a atividades de artes, música, ginástica.
- Semanas temáticas, culinária, artesanato e muito mais.
- Excursões emocionantes adequadas a cada idade.

### INSTALAÇÕES DA BRIGHT BEGINNINGS
- Salas de aula abertas e claras para a pré-escola.
- Professores profissionais.
- Equipamentos de incentivo adequados à idade.
- Nova sala de aula autossuficiente para escola de educação infantil.
- Laboratório de informática-Biblioteca/Centro de mídia-Laboratório de ciências.
- Sistema de segurança
- Turmas pequenas
- Parque externo privativo
- Excursões e programas especiais internos

primeira escolha para um endereço de website pode não estar disponível, portanto é importante pensar em várias alternativas. Os melhores endereços são aqueles sucintos e fáceis de lembrar. Alguns serviços de hospedagem só poderão fornecer-lhe endereços longos e complicados, que não aparentam profissionalismo e devem ser evitados. Por fim, pergunte sobre a segurança que o servidor oferece. O servidor deve monitorar continuamente comportamentos suspeitos e dispor de sistemas para deter *hackers*.

Não pense que seu trabalho está terminado quando o site estiver *on-line* e operando. Agora, você é responsável pela manutenção do site e das informações nele contidas. É necessário verificá-lo regularmente para garantir que os arquivos postados estejam funcionando corretamente e se todos os *links* inseridos ainda estão funcionando. Certifique-se também de atualizar o site sempre que alguma informação for alterada. Um site que contém informações diferentes daquelas fornecidas por seus materiais impressos passa a impressão de negligência e está propenso a causar confusão e dores de cabeça.

Se tudo isso soa como um investimento extremamente técnico, existem várias empresas que oferecem pacotes desenvolvidos para planejar, desenvolver, programar e manter seu site. Certifique-se de obter diversos orçamentos antes de tomar uma decisão, sendo que todos os custos devem estar por escrito. Cada fase do desenvolvimento deve vir acompanhada do valor por hora e um valor indicando a quantia máxima que se está disposto a gastar.

## Relatório de progresso de comunicação

| Habilidade ou tarefa | Alcance das habilidades | | |
|---|---|---|---|
| | QUASE SEMPRE | HABILIDADES EMERGENTES | A MELHORAR |
| Posso identificar os cinco elementos de marketing. | ☐ | ☐ | ☐ |
| Foi realizada uma pesquisa de mercado para determinar o meio mais eficaz de alcançar as famílias potenciais. | ☐ | ☐ | ☐ |
| Os anúncios impressos são visualmente atraentes e informativos. | ☐ | ☐ | ☐ |
| As famílias devem dar seu consentimento por escrito antes que a imagem de seus filhos seja utilizada para fins de propaganda. | ☐ | ☐ | ☐ |
| A escola está representada em uma série de eventos e envolvimentos com comunidade. | ☐ | ☐ | ☐ |
| Os funcionários são incentivados a participar de eventos que podem gerar propaganda positiva para a escola. | ☐ | ☐ | ☐ |
| A escola mantém fortes relações de colaboração com outras empresas que buscam atrair as famílias. | ☐ | ☐ | ☐ |
| Há um meio de fornecer informações sobre a escola às famílias novas na área. | ☐ | ☐ | ☐ |
| As famílias que ainda não se mudaram realmente para sua área podem pesquisar informações sobre a escola via internet. | ☐ | ☐ | ☐ |
| Todos aqueles associados à escola estão cientes de que tudo o que fizerem ou dizerem pode ser visto como propaganda potencial para a instituição, positiva ou negativa. | ☐ | ☐ | ☐ |

# Resumo

Os conceitos e as atividades apresentados ao longo deste livro foram concebidos para orientá-lo no desenvolvimento do próprio estilo de comunicação eficaz. É importante lembrar que, a cada interação, seja formal ou informal, você está se comunicando ativamente com seu público.

Aprender a ser um comunicador eficaz demanda tempo e prática. Embora possa ser uma habilidade difícil de dominar, uma vez adquirida, é possível descobrir-se tanto um profissional como um educador melhor. Será necessário ir além de "dizer exatamente o que está dizendo". Um profissional da educação infantil deve analisar diferentes situações e escolher entre inúmeras estratégias de comunicação. Embora a comunicação verbal possa ser a forma mais comum, ela não é, de modo algum, a única. Se você estiver tendo alguma dificuldade para transmitir sua mensagem utilizando um método, tente outro. Será necessário aprender a adaptar suas competências para melhor atender às necessidades de seu público.

Um último conselho é praticar suas habilidades de comunicação diariamente. Faça que seus colegas saibam de sua dedicação em se tornar um comunicador mais eficaz. Incentive o retorno deles, tanto positivo quanto negativo. Quando informado que sua mensagem não foi bem compreendida, pergunte como você poderia ter feito melhor. Deixe que a confiança em si mesmo e em sua mensagem transpareça. Lembre-se: cada vez que você entra em uma sala, o componente mais importante de sua mensagem é você mesmo!

# Índice remissivo

## A

acompanhantes, 150-152

adequação do desenvolvimento, 16

Age Discrimination in Employment
Act (ADEA), 30-31

agenda para a reunião de equipe anual,
elaboração, 47-49

álbuns, 116-118

alunos atuais e suas famílias, seu
principal público, 3

ambiente, creche, 5-6

Americans with Disabilities Act
(ADA), 30-31

análise e pesquisa de mercado, 160

armadilhas da comunicação eficaz, 9-12

assiduidade, funcionários, 35

avaliação

critérios nacionais de certificação,
132-135

da família, formulário de, 129-131

de desempenho, elaboração, 41-44

de *feedback*, elaboração
da família, 45, 46
dos funcionários, 45, 47

primeiro relatório de
acompanhamento, 122-123, 124

reunião de pais e mestres, 126-129

segundo relatório de
acompanhamento, 125-126, 127

## B

biblioteca da família, 118

biografia dos funcionários, 115-116

boletim
de alerta de saúde, 99, 100
informativo do diretor, 101-102

boletins informativos
diferenças dos folhetos, 82
lembrete da formatura, 144-145
próximas atrações *veja* clareza
da mensagem

reunião de orientação da
família, 140-141

tipos de, 97-101

bonés, 107

## C

"caixa de correspondência" dos alunos,
107-108

caixa de sugestões, 118-119

calendário do programa, 92-94

camisetas, 107

certificados de realização, 110-113

*checklists*
de eventos especiais realizados
dentro da escola, 148-149
para a reunião de orientação da
família, 142
para uma excursão, 152-154

clareza da mensagem, 16-17
boletim das próximas atrações, 97,
98, 146

coerência, 16, 17-18

coluna de jornal, 167

comemoração do Dia das Mães,
143-144

comunicação
armadilhas em uma comunicação
eficaz, 9-12
elementos negativos da, 20-27
elementos positivos da, 16-20
seis elementos da, 16-27
técnicas de comunicação visual,
104-119

conduta, normas de, 35

confidencialidade
das questões familiares, 34
dos registros das crianças, 34-35

conflito, 22-24

confronto, 20-22

considerações éticas, 34-36

crachás, 105-106

criança infeliz, reconhecimento, 3

## 176 Técnicas eficazes de comunicação para a educação infantil

crianças
  autorização de uso de imagem das, 162, 163
  confidencialidade dos registros, 34-35
  doentes, 76
  ferimentos, 75
  necessidades das, 8
critérios nacionais de certificação, 132-135
cuidado, 19-20
currículo, programa, 94-97

**D**

declaração de política de uma página, 83-85
descrição do trabalho, elaboração, 38-41
descuido, 25-26
desempenhos, 138, 145
diplomas, 110-113
discurso de boas vindas para a reunião de orientação da família, 141
diversidade, 52-53

**E**

empatia, 52
empresa, localização da, 5-7
envolvimento da comunidade, 138, 154-156
  propaganda para, 167
escola
  ambiente, 5-7
  folheto, 170
  instalada em uma casa, 5
  modelo de metas e objetivos, 71
  totalmente inclusiva, sugestões para construção, 53
Equal Pay Act (EPA), 30-31
evento aberto ao público, 139
eventos especiais, 138-156
  de enriquecimento curricular, 138, 146-154
  definição, 138
  informativos, 138, 139-143
  realizados na escola, 148-149
  tipos de, 138
excursões, 149-151
  *checklists*, 153, 154

**F**

falta de planejamento, 25
família
  confidencialidade de questões relacionadas a, 34-35

definição, 3
e alunos atuais como principal público, 3
e futuros alunos como público, 5
ferimentos em crianças, 75
festa da panqueca e do pijama no Dia do Amigo, 146-147
ficha de informações para acompanhantes, 150
folheto de escola, 170
folhetos, 82-97
  diferenças dos boletins, 82
  programa de voluntários, 154, 155
  tipos de, 83-97
formatura, 143-145
formulário de avaliação da família, 129-131
fornecedores como público, 7
funcionários
  agenda da reunião de equipe anual, 47-49
  agenda da reunião de equipe mensal, 49-50
  como público, 3-4
  reuniões semanais, 49
  treinamento de *veja* treinamento da equipe
futuros alunos e suas famílias como público, 5

**I**

imagens de crianças, autorização para uso das, 162, 163
internet, propaganda na, 169, 171
intervenção disciplinar, que exige ações
  em relação aos funcionários, 35
  em relação às crianças, 75

**L**

Lei de Direitos Civis de 1964 (Título VII), 30-31
lembretes de mensalidades, 99-101
lista de verificação para o treinamento de novos professores, 32-34
localização do estabelecimento, 5-7
logotipo, 104-105

**M**

manual do funcionário
  áreas/seções do, 30-38, 67-79
  confidencialidade, 34
  desenvolvimento de, 64-66
  introdução, 66-69
  objetivo do, 30, 64
  seção
    benefícios, 36-38

boas-vindas, 67-69
currículo, 78
extras, 78-79
no local de trabalho, 31-34
operações gerais, 30-31
políticas da escola, 34-36
políticas e procedimentos, 69-77
seções recomendadas, 30-31
marketing
definição, 160
estratégia de, 160-161
métodos de, 164
na comunidade, 164-168
mensagem
agenda da reunião de pessoal mensal, elaboração, 49-50
clareza da, 16-17
determinação de, 7-9
instinto de "mãe urso", 21
modelo de lista de verificação para o treinamento de novos professores, 32, 33-34
múltiplas perspectivas, dramatização para compreender, 54-60

**N**

National Accreditation Commission for Early Care and Education Programs (NAC), 134
National Association for the Education of Young Children (NAEYC), 132-135
National Association of Child Care Professionals (NACCP), 132-135
National Resource Center for Health and Safety in Child Care (NCR), 132
normas de conduta, 35

**P**

pacote de boas-vindas, 89-92
pacotes dos pais, 90
papel timbrado, 106
percepção do público, 2
planejamento, falta de, 25
plano de procedimento de emergência, 83
planos e procedimentos de emergência, 72-73
política(s)
da escola, local de trabalho do manual do funcionário, 34-36
de abuso e negligência infantil, 87-88

de confidencialidade dos funcionários, 88-89
do amendoim, 85-87
e procedimentos *veja também* funcionários coerência no manual em, 18
prêmios e diplomas, 110-113
primeiro relatório de acompanhamento, 122-123, 124
programa de voluntários, 154, 155
promoção da escola, 160
propaganda, *veja também* marketing
como parte da estratégia de marketing, 160-161
definição, 160
impressa, 161-164
on-line, 169-171
para o envolvimento da comunidade, 167
propaganda impressa, 161-164
proposta curricular, 94-97
público
categorias de, 2-7
identificação de, 2
principal, 3
os alunos atuais e suas famílias como, 3

**Q**

quadros
de avisos, 113-115
motivacionais, 108-110

**R**

registros das crianças, confidencialidade dos, 34
relações públicas, 160
relatório de acompanhamento
comunicação *veja* comunicação; relatório de acompanhamento
primeiro, 122-123, 124
segundo, 125-126, 127
relatório de progresso de comunicação, 13, 27, 50, 61, 79, 102, 120, 136, 157, 172
reputação, 2
resolução de conflitos, 24
reunião de orientação da família, 140-141, 141-143
*checklist*, 142
reunião de pais e mestres, 126-129
reuniões semanais, 49

**S**

seção de benefícios do trabalhador manual, 36-38

seção
  de introdução do manual dos funcionários, 66-69
  de operações gerais do manual do funcionário, 30-31
  do manual sobre o local de trabalho dos funcionários, 31-34
  sobre o currículo do manual dos funcionários, 78

seções extras do manual do funcionário, 78-79

segundo relatório de acompanhamento, 125-126, 127

seis elementos da comunicação, 16-27

situações para dramatização, 54-60

**T**

técnicas de comunicação visual, 104-119

treinamento da equipe
  *veja* manual do funcionário
  reconhecimento e aconselhamento de crianças infelizes, 3

treinamento, lista de itens para novos professores, 31-34

**U**

U.S. Equal Employment Opportunity Commission (EEOC), 32

**V**

vendas, 160

vizinhos como público, 5-7

**W**

website, propaganda no, 169, 171

Welcome Wagon, 164, 167